Leon Pfaff

Wein und Weltkrieg

Leon Pfaff

Wein und Weltkrieg

Dörfliche Lebenswelten
im mittelbadischen Zell-Weierbach
1923–1950

seitenweise

Bibliografische Information der Deutschen Bibliothek:
Die Deutsche Bibliothek verzeichnet diese Publikation in der Deutschen Nationalbibliografie; detaillierte bibliografische Daten sind im Internet über https://www.dnb.de abrufbar.

Gestaltung: punktgenau GmbH, 77815 Bühl/Baden
Druck und buchbinderische Verarbeitung: ABT Print und Medien GmbH, 69469 Weinheim
Printed in Germany

Deutsche Erstausgabe
1. Auflage 2023

www.seitenweise-verlag.de
ISBN 978-3-943874-46-4

Inhaltsverzeichnis

Abkürzungsverzeichnis

BArch = Bundesarchiv
BDM = Bund Deutscher Mädel
DP = Displaced Person(s)
HJ = Hitlerjugend
GA = Gemeindearchiv
GLAK = Generallandesarchiv Karlsruhe
NS = Nationalsozialismus/nationalsozialistisch
NSDAP = Nationalsozialistische Deutsche Arbeiterpartei
RNS = Reichsnährstand
SA = Sturmabteilung
SS = Schutzstaffel
StA OG = Stadtarchiv Offenburg
StAF = Staatsarchiv Freiburg
Stalag = Mannschaftsstammlager
WG = Winzergenossenschaft
ZW = Zell-Weierbach

Vorwort

Im Juni 2020 schloss ich – gerade frisch aus Freiburg zurück in den Geburtsort meiner Urgroßmutter gezogen – mit der Ortsverwaltung Zell-Weierbach einen Werkvertrag ab, der mir in den Monaten davor durch Wolfgang M. Gall vom Ortschaftsrat zugetragen wurde, damals noch in seiner Eigenschaft als Leiter von Stadtarchiv und Museum im Ritterhaus, aber auch als Universitätsdozent.

Der Vertrag umfasste die Erforschung der Geschichte des Dorfes zwischen 1918 und 1950. Themen dabei waren die politische und wirtschaftliche Entwicklung im Ort sowie die dort vorherrschenden politischen Strukturen. Hierzu zählte auch die Geschichte der vom Nationalsozialismus verfolgten Bürgerinnen und Bürger. Bis zum 31. März 2023 hatte ich das nun vorliegende Werk zu verfassen und recherchierte dafür in verschiedensten Archiven. Gefördert wurde dies durch den Fonds Buchert der Offenburger Bürgerstiftung St. Andreas.

Zwar kann die wissenschaftliche Forschung bereits seit vielen Jahren Werke über die Geschichte Offenburgs in der NS-Zeit vorweisen; die an die Stadt angrenzenden Gemeinden werden hierbei aber oft außer Acht gelassen. Dabei war Zell-Weierbach vom politischen, wirtschaftlichen und gesellschaftlichen Geschehen in Offenburg und außerhalb keineswegs isoliert, auch wenn es erst seit 1971 offizieller Teil der Stadt ist.

Als erstes der in Offenburg eingemeindeten umliegenden Dörfer legte es die Aufgabe der Aufarbeitung eines der schwierigsten Kapitel der Ortsgeschichte in die Hände der Wissenschaft: Im Rahmen meines Studiums waren bereits zwei Aufsätze entstanden, einer über die Zell-Weierbacher Naturdenkmäler im Nationalsozialismus und ein anderer über die Verbindung von Kleinkaliberschützenverein und NSDAP im Ort. Beide erschienen 2022 in der „Ortenau", in der Zeitschrift des Historischen Vereins für Mittelbaden[1], und in einer Auflage von jeweils 100 Exemplaren als Sonderdrucke, die beim Heimat- und Geschichtsverein Zell-Weierbach erworben werden können.

Zudem basiert dieses Werk auf meiner zwischen 2020 und 2022 entstandenen Masterarbeit und den dafür seit 2020 getätigten Recherchen. Nach deren Abgabe im Oktober 2022 konnte ich weitere Rechercheergebnisse, insbesondere zu den Opfern des Nationalsozialismus in Zell-Weierbach, in die vorliegende Publikation einfließen lassen und meine Arbeit überarbeiten und erweitern.

Ich möchte mich von ganzem Herzen bei den Menschen bedanken, die mich in den vergangenen drei Jahren bei der Entstehung dieses Werkes unterstützt haben, allen voran Wolfgang M. Gall und der Ortsverwaltung sowie dem Ortschaftsrat Zell-Weierbach, ohne die der der Arbeit zugrunde liegende Werkvertrag und diese Publikation nicht zustande gekommen wären. Dem seitenweise Verlag mit Frau und Herrn Heekerens danke ich für die Unterstützung bei der Herausgabe des Buchs.

Mit dem vom Heimat- und Geschichtsverein unter Alfons End verwalteten – leider in viel zu kleinen Räumlichkeiten untergebrachten – Gemeindearchiv des Ortes war es möglich, Primärquellen aus der Ortsverwaltung und aus Privatnachlässen zu nutzen. Den weiteren Archiven und ihren Mitarbeitenden bin ich ebenso zu Dank für Auskunft und Austausch verpflichtet, allen voran dem Militärarchiv Freiburg, dem Staatsarchiv Freiburg, dem Generallandesarchiv Karlsruhe, dem Kreisarchiv des Ortenaukreises und dem Stadtarchiv Offenburg.

Der „Lohn" für meine Arbeit: Der ausgemusterte Mannschaftstransportwagen der Feuerwehr (Foto: privat)

Insbesondere für die Hinweise auf die vom NS Verfolgten Zell-Weierbachs danke ich den Mitarbeitenden der Arolsen Archives und der Gedenkstätte Grafeneck. Ohne die Aufbereitung der ihnen zur Verfügung stehenden Dokumente wären viele Schicksale bloße Namen in endlos langen Karteien.

Was schriftliche Dokumente aus Verwaltung und Privatnachlässen nicht wiedergeben, sind die Erinnerungen derjenigen, die den Nationalsozialismus selbst erlebten. Ganz besonders dankbar bin ich daher für die persönlichen Erinnerungen und die unzähligen Hinweise aus der Bevölkerung Zell-Weierbachs zu Geschehnissen dieser Zeit.

Dass die Arbeit in solch einem wissenschaftlichen Rahmen am Historischen Seminar der Albert-Ludwigs-Universität entstehen konnte, ist keine Selbstverständlichkeit. Melanie Arndt als betreuender und ermunternder Professorin gilt daher mein ganz besonderer Dank.

Meiner Familie und den Menschen aus meinem Freundeskreis bin ich für die Unterstützung, den Zuspruch und die manchmal auch notwendige Ablenkung ebenfalls zutiefst dankbar.

Widmen möchte ich dieses Werk besonders meinen Großeltern, Herbert und Gertrud Pfaff, beide Jahrgang 1941. Durch ihre Erzählungen bekam ich viele sehr persönliche Einblicke in die dörflichen Lebenswelten der Kriegs- und Nachkriegsjahre.

Abschließend hoffe ich, dass das vorliegende Buch für die Lesenden ähnlich wertvoll sein wird wie für mich die Zeit mit dem 2022 ausgemusterten Mannschaftstransportwagen der Feuerwehrabteilung Zell-Weierbachs, für den ich mein Honorar aus dem Werkvertrag verwendet habe – quasi als Reinvestition in die hiesige Ortsgeschichte.

Zell-Weierbach, den 29. August 2023
Leon Pfaff

Wein, Weltkrieg und Gesang – Vorbemerkungen

Zell-Weierbach, ein gastlich Dorf,
da kehrt man gerne ein
und trinkt – sofern man Kenner ist –
vom Abtsberg einen Wein.[2]

Diese poetischen Zeilen widmete Jürgen Rohn dem vom Weinbau geprägten[3] Zell-Weierbach anlässlich des 75-jährigen Bestehens der hiesigen Winzergenossenschaft 1998. Vorgetragen in der typischen Intonation des Badnerliedes[4], gelten die vier Verse als eine seiner inoffiziellen Strophen. Insbesondere zu festlichen Anlässen wird dieses Lied auch heute noch regelmäßig angestimmt.

Geselligkeit, Gastronomie[5] und Genuss sind wichtige Aspekte der dörflichen Gesellschaft, die in den Quellen hervortreten. Die Verbindung des Zell-Weierbacher Ortsgeschehens und des lokalen Weinbaus mit dem Nationalsozialismus wird mehr als deutlich, betrachtet man eine auf 1937 datierte Fotografie aus der Halle der WG ZW.[6] Im Vordergrund sitzen an weißgedeckten Tischen Männer in Anzug und Krawatte, an einigen Jacketts sind nicht näher identifizierbare Anstecker zu erkennen. Dahinter sitzen Frauen mit weißen Schürzen, vermutlich Servierdamen; ein Tablett ist zu erkennen. Im Hintergrund der Halle scheinen die Geschlechter gemischt zu sein. Mindestens eine Frau ohne Arbeitskleidung befindet sich darunter, ebenso ein minderjähriger, aber adrett gekleideter Junge sitzt hier. Auf der rechten Seite sind hinter mehreren Weintrotten Männer in Arbeitsuniform sowie mit Hemd und Krawatte zu erkennen.

Das Bild ließe sich nur schwer zeitlich genauer einordnen, hinge neben unterschiedlich farbigen Lampions, Lichterketten und Zweigen nicht raumerfüllend und im Fokus der Kamera liegend eine Parteifahne der National-

Der Blick in die Winzergenossenschaft Zell-Weierbach 1937 (Gemeindearchiv Zell-Weierbach (GA ZW) Ordner „WG Anfang–2009")

sozialistischen Deutschen Arbeiterpartei (NSDAP). Zudem prägen eine Fahne der Deutschen Arbeitsfront, lange Wimpelketten und unzählige Schwenkfähnchen mit Hakenkreuzen die Halle in der sonst optisch urig-rustikalen WG Zell-Weierbachs.

Insbesondere anhand des Fotos wird mehr als ersichtlich, dass eine NS-parteiideologische Verbindung zum Weinbau in Zell-Weierbach bestand, obwohl dessen Bevölkerung lange zentrumsnah war und erst 1936 ein NSDAP-Bürgermeister im Ort eingesetzt wurde.[7]

Zell-Weierbach wird nach Osten durch den Schwarzwald, nach Westen durch Grünflächen zur Stadt Offenburg und nach Norden und Süden durch die Nachbardörfer Rammersweier respektive Fessenbach geografisch eingegrenzt. Die Landwirtschaft – insbesondere der Weinbau[8] – stellte für Zell-Weierbach[9] mit seinen etwa 2000 Bewohner:innen[10] lange den prägendsten wirtschaftlichen Sektor dar. Doch die Alltagssituationen im Dorf[11] wandelten sich in den 1920er und 1930er Jahren[12]: Die Familien des Dorfes verfügten, um sich ernähren zu können und zur Erwirtschaftung von Geld, über Grundstücke in der Landwirtschaft, was Zell-Weierbach den prägenden Charakter eines Weinbauortes verlieh. Insbesondere im Herbst ist die

Haupterntesaison der Weintrauben, weswegen mit dem Begriff des „Herbstens" respektive dem „Herbst" selbst die Weinlese generell assoziiert wird.[13] Infolge von Erbteilungen und Verkäufen verkleinerte sich der landwirtschaftliche Besitz der einzelnen Menschen.

Ausgangspunkt dieser Arbeit ist das Jahr 1923,[14] in dem auch die Winzergenossenschaft Zell-Weierbachs gegründet wurde.[15] In diesem Jahr fand parallel zur Ruhrbesetzung der Einmarsch französischer Soldaten in Offenburg statt, wodurch viele bei der Bahn arbeitende Bewohner:innen des Offenburger Reblandes ihre Arbeit verloren.[16] In diesem Zusammenhang soll geklärt werden, ob und inwiefern die dörflichen Strukturen einen Nährboden für den Nationalsozialismus[17] darstellten und wo dieser besonders gut fruchten konnte.

Ziel der vorliegenden Arbeit ist es, die Ursachen und Umstände zu rekonstruieren, unter denen das NS-Regime im vom Wein(bau) geprägten Zell-Weierbach sich etablieren und agieren konnte. Außerdem wird dargelegt, wie sich die Lebenswelten der landwirtschaftstreibenden Dorfbevölkerung[18] im Krieg veränderten und welche Rolle die damit einhergehende Zwangsarbeit[19] einnahm.

Aus den unterschiedlichen Quellen ergeben sich daher die Leitfragen dieser Arbeit: Welche Einflüsse des Nationalsozialismus und des Zweiten Weltkrieges auf den Weinbau und der ihn betreibenden Dorfgesellschaft lassen sich nachweisen? Von welchen Kontinuitäten und Veränderungen war die

Undatierte Postkarte „Zell b. Offenburg im Schwarzwald v. Flugzeug aus" (GA ZW)

Entwicklung der dörflichen Gesellschaft der 1920er Jahre bis in die 1940er Jahre geprägt?[20]

Diese Untersuchung geschieht auf Grundlage der für die Ortschaft verfügbaren und nutzbaren Literatur[21] und Quellen, etwa den Dokumenten des Gemeindearchiv Zell-Weierbach[22] (GA ZW). So werden die Anbauverhältnisse der einzelnen Jahre[23] und die Entwicklung der Größe der Weinbauflächen im Ort ab 1923[24] untersucht. Am Ende des Zweiten Weltkrieges wurden allerdings viele Unterlagen aktiv vernichtet[25] oder fielen äußeren Kriegseinwirkungen zum Opfer.[26]

Hilfreich sind neben den Unterlagen verschiedener Archive auch die bereits im GA ZW vorhandene sowie neu erstellte Interviews mit Zeitzeug:innen, welche während des Zweiten Weltkrieges meist noch Kinder waren. Für diese Arbeit wurden 14 Interviews mit Zeitzeug:innen der Geburtenjahrgänge 1923 bis 1945 geführt. Diese Interviews lassen sich im Rahmen der „Oral History" [27] als geschichtswissenschaftliche Quellen verwenden.

Die Interviews wurden im Zeitraum von August 2020 bis August 2021 durchgeführt; die jüngste Gesprächspartnerin war 75, der älteste 97 Jahre alt. Ein kritischer Faktor bei der Führung solcher Interviews mit Menschen in solch hohem Alter ist der Gesundheitszustand der jeweiligen Menschen. Hör- und Sehbeeinträchtigungen nehmen ebenso Einfluss auf die Interviewsituation wie Demenz oder die aktuelle SARS-CoV-2-Pandemie.[28] Hiernach richtete sich die jeweilige Gesprächssituation; teilweise hielten die Interviewpartner:innen vortragsähnliche Monologe, ebenso führte der Autor angeregte Diskussionen mit einzelnen oder mehreren Personen.

Kindes- und Jugenderinnerungen waren bei vielen der Gesprächspartner:innen emotional geprägt. Die Fragen in den Gesprächen wurden daher an die jeweilige Gesprächssituation angepasst, zudem wurden keine Informationen durch beständiges Nachfragen erzwungen. Insbesondere Äußerungen zu NS-Tätern wurden oft von den Gesprächspartner:innen unterdrückt, in einigen Fällen aber bewusst ausgesprochen.

Wein in Geschichte und Wissenschaft

Der Badische Wein

Welche Bedeutung der Weinbau für die Region Badens, insbesondere für die Ortenau hat, zeigt sich etwa anhand des „Heimatatlas der Südwestmark" Badens von 1934: In verschiedenen darin enthaltenen Karten werden unterschiedliche landwirtschaftliche Nutzungsgebiete farblich dargestellt, wobei der Weinbau vor allem in den Gebieten um den Kaiserstuhl und in der Ortenau dominiert.[29]

Darüber hinaus existieren Dissertationen verschiedener Fachbereiche, die sich mit dem Weinbau (Mittel-)Badens auseinandersetzen.[30] Ihnen allen liegt zugrunde, dass sie eine wenig historiographische Perspektive verfolgen, sondern aufgrund ihrer Entstehungszeit in den frühen 1930er und späten 1960er Jahren mehr über die zeitgenössischen landwirtschaftlichen Begebenheiten aussagen, was im folgenden Kapitel in der Verortung des Zell-Weierbacher Weines und seiner Geschichte zum Ausdruck gebracht wird. Dennoch ist mittels der überschaubaren Forschungslage eine geschichtswissenschaftliche Grundlage für die nachfolgende Betrachtung des Zell-Weierbacher Weines möglich.

So untersucht Christof Krieger in einem Sammelband von Michael Matheus zur Weinkultur und Weingeschichte an Rhein, Nahe und Mosel zwar nicht den badischen Wein explizit, er zeigt aber die Gründung des Reichsausschusses für Weinpropaganda 1926[31] und die Resultate hieraus auf: Für den Verkaufsanstieg deutschen Weines im selben Jahr innerhalb der Weimarer Republik macht er weitere Gründe wie die Aufhebung der Weinsteuer und die Revision von Handelsverträgen mitverantwortlich. Schlechte Wetterbedingungen im selben Jahr versprachen einen geringen Herbst-

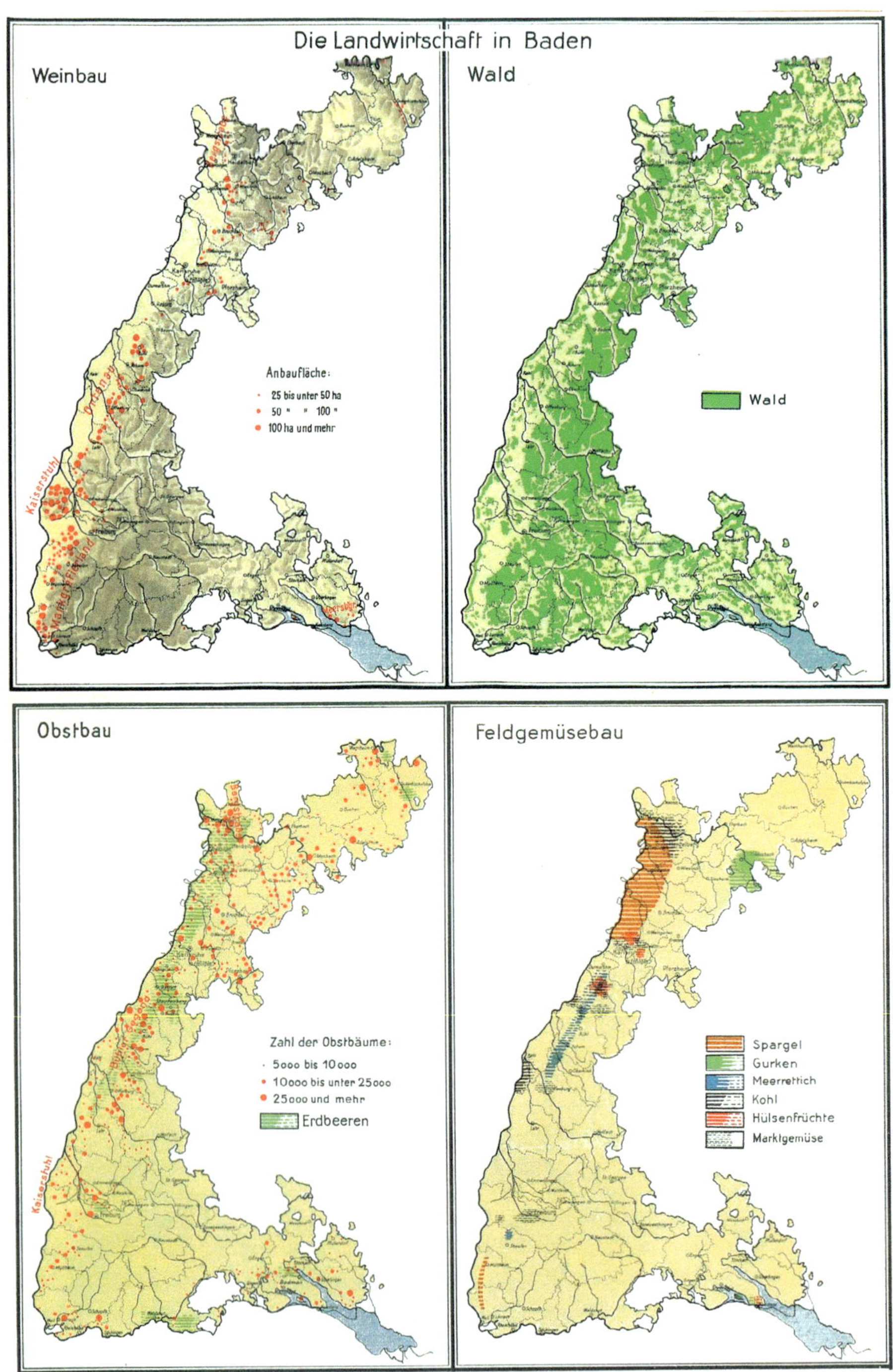

Anbausorten mit geografischer Verteilung in den frühen 1930er Jahren (Gärtner, Karl: Heimatatlas der Südwestmark Baden, Karlsruhe 1934, S. 13f.)

Mehrere Generationen helfen beim Herbsten mit (Stadtarchiv Offenburg (StA OG) „09/283-11 Weinlese 1953")

ertrag, wobei die wirtschaftlich aufstrebende Republik und ihre Gesellschaft die Weinpropaganda durchaus als „eindringlichen Solidaritätsappell" sahen. Infolgedessen stützte sie den Lebensunterhalt der noch immer als ärmlich angesehenen Winzer.[32]

Hohe Kosten für Werbemaßnahmen (die durch die fehlende Weinsteuer nicht gedeckt werden konnten), ein verbürokratisierter Apparat und die Kritik an staatlich finanzierter Werbung für das Rauschmittel Alkohol bereiteten dem Reichsausschuss jedoch bereits im Folgejahr ein jähes Ende. So wurde die Werbung respektive Propaganda für deutschen Wein zumeist von regionalspezifischen Einrichtungen übernommen, wobei Krieger vor allem die Langlebigkeit des „Propagandaverband[s] preußischer Weinbaugebiete" unterstreicht.[33]

Für den badischen Weinbau ist eine ähnlich institutionalisierte Einrichtung zu Werbezwecken nicht belegt; dass aber Ansprüche an den regionalen Weinbau und die Behandlungsmethoden der Reben früh bestanden, wird anhand des Badischen Weinbauinstituts in Freiburg ersichtlich, welches bereits 1920 gegründet wurde.[34] Dass diese Einrichtung im Gegensatz zu etwaigen Propagandazentralen tatsächlich produktiv und wissenschaftlich erfolgreich arbeitet(e), zeigt sich daran, dass sie bis heute besteht.[35]

Diesen gesellschaftlichen Anspruch, den Wein haben konnte, zeigt Sina Fabian in ihrer Untersuchung von „Wein und Volksgemeinschaft", wenn sie betont, dass gerade die Städte und ihre Gesellschaften Patinnen für ärmliche Weindörfer sein konnten: Anders als in der „Blut und Boden"-Ideologie des 1933 etablierten Reichsnährstandes (RNS) wurde die ländliche Bevölkerung als „hilfsbedürftig und infantil" in der Propaganda der 1920er und 1930er Jahre dargestellt. Fabian resümiert in der Vorentwicklung des Nationalsozialismus, dass eine „größere regionale und soziokulturelle Verbreitung des Weinkonsums […] als Beweis für die erfolgreiche Etablierung einer ‚Volksgemeinschaft'" hätte dienen können.[36] Überspitzt lässt sich Fabians Aussage dahingehend interpretieren, dass etwa Feste, bei denen Wein ausgeschenkt wird, verschiedene gesellschaftliche Gruppen zusammenbringen – wie es sich auch für die eingangs erörterte Fotografie deuten ließe.

Somit bleibt die Frage offen, welche gesellschaftliche Bedeutung und Auswirkung der Weinbau in all seinen Facetten für die dörfliche Gesellschaft Zell-Weierbachs hatte, gerade vor dem Hintergrund der wechselseitigen Beziehungen zur Stadt Offenburg und dem aufkommenden Nationalsozialismus der frühen 1930er Jahre.

Der Zell-Weierbacher Wein in der Literatur

Wenn auch kaum geschichtswissenschaftliche Publikationen über Zell-Weierbach existieren[37], ist die Anzahl der Veröffentlichungen des Ortes zum Thema Wein erstaunlich hoch.

Ludwig Heizmann beschreibt die Entwicklung des Zell-Weierbacher Weinbaus, dessen jährliche Erträge sowie Probleme aufgrund von äußeren Umständen und die damals erfolgten Ansätze zu deren Lösung in seiner „Chronik Weingarten" bis zum Ersten Weltkrieg.[38] In einem zehn Jahre später verfassten Bericht beantwortet er dem Weinbauinstitut in Freiburg in 24 Kapiteln Fragen zu den spezifischen Anbauumständen der Rebgemeinden östlich Offenburgs, er berücksichtigt sowohl die wirtschaftlichen als auch die sozialen Aspekte des Weinbaus für die ländliche Bevölkerung und beschreibt Elemente der hiesigen Anbaupraxis.[39] Heizmanns Fokus liegt wie in seinen anderen kurzen ortsbezogenen Schriften weniger auf der zeitgenössischen Gegenwart, in der er diese verfasste.[40]

Obwohl die genannten Werke aus heutiger Sicht eher eine zeitgenössisch legitimierende Wirkung im ersten Viertel des 20. Jahrhunderts hatten, sind Heizmanns Ambitionen aus quellenbezogener Perspektive ein Glücksfall, da das von ihm genutzte, für die Frühe Neuzeit aussagekräftige „Zeller Dorfbuch" zwar über den Weinbau von 1512 bis 1700 berichtete, den Beständen des hiesigen Gemeindearchives aber verloren ging und gegenwärtig als vermisst gilt.[41]

Die Geschichte des Ortenauer Weinbaus in Zell-Weierbach von Gernot Kreutz untersucht die Arbeiten wie Anbau-, Pflege- und Erntepraxis in den Zell-Weierbacher Reben ebenso wie die erneut aufgegriffene Frühgeschichte des dortigen Weinbaus[42] – verortet diese aber im Gegensatz zu Heizmanns Ausführungen auch im größeren Kontext des Ortenauer Weinbaus und belegt diese. Seine Betrachtungen stützt er auf die wissenschaftlichen Werke zum Wein in Baden und der Ortenau selbst.[43]

Die Folgen des Ersten Weltkrieges auf den Zell-Weierbacher Weinbau

Walther Kiefer beleuchtet in seiner 1933 publizierten Dissertation die geografische Lage Zell-Weierbachs im Zusammenhang mit der dortigen Bodenbeschaffenheit: „Wenn irgend ein Weinbaugebiet Badens für den Qualitätsbau in Betracht kommt, so ist es das Granitgebiet der nördlichen Ortenau", zu welcher er auch „Zellweierbach" [sic!] zählt.

Er bemängelt, dass die Fläche, auf der Wein in der Region angebaut wurde, „bedeutend an Gebiet verloren“ hätte und nennt im anschließenden Satz zudem die Abtretung des nahegelegenen Elsasses als einen Absatzmarkt, der nach dem Ersten Weltkrieg verloren ging.[44]

Die journalistisch geprägte Publikation von Don und Petie Kladstrup betont dagegen, dass ein Einbruch der deutsch-französischen Weinhandelsbeziehungen erst mit dem Ausbruch des Zweiten Weltkrieges stattgefunden hätte.[45]

Heizmann betrachtet die Entwicklung der Anbaufläche in Zell-Weierbach für die Zeit vor dem Ersten Weltkrieg: „Im Jahre 1898 hatte Zell-Weierbach 159,55 Hektar Rebland, Juni 1911 nur noch 150,4 Hektar“ und begründet die Abnahme mit einer Zunahme der Flächen von Acker- und Obstbau sowie Gartenanlagen.[46]

Für die Jahre um dem Ersten Weltkrieg zeigt sich, dass die Anbaufläche Schwankungen unterlag, wenn man Heizmanns Angabe von insgesamt 380 Morgen für das Jahr 1914 betrachtet[47], wobei nach Kreutz ein Morgen 36 Ar oder 0,36 Hektar Fläche entspricht[48], die Rebfläche Zell-Weierbachs nach Heizmanns Angaben 1914 also insgesamt 136,8 Hektar betrug.

Erklärungen für die Abnahme von rund zehn Prozent der Rebfläche nennt Heizmann nicht, auch wird lediglich der geringe Ertrag aufgrund des Ausbruchs des Ersten Weltkrieges und ungünstigen Wetters erörtert – als Gründe für eine verringerte Anbaufläche selbst scheinen diese Argumente aber nicht zu gelten. Eher könnten unterschiedliche Definitionen der Einheiten oder auch wenig konkrete, stark gerundete oder geschätzte Zahlen Ursache für diesen vermeintlichen Unterschied der Anbaufläche sein.[49]

Heizmann benennt für die weitere Untersuchung der Herbstberichte und Weinbaugeschichte von 1914 bis 1924 keine weitere Anbauflächengrößen, was vermuten lässt, dass es hierbei keine großen Änderungen gab. Im reichsweiten Vergleich zeigt sich beispielhaft, dass zwischen 1906 und 1918 die Gesamtanbaufläche für Wein von 17838 auf 10694 Hektar sank. Kiefers Begründung für diese Entwicklung lautet: „Der Winzer wird durch eine Reihe schlechter Jahre dazu bewogen, einen Weinberg auszuhauen und mit anderen Produkten zu bebauen, falls dies möglich ist.“[50]

Im GA ZW findet sich für diese Zeit die umfangreiche Akte VII. über die Ermittlung der Bodennutzung in der Landwirtschaft.[51] Sie enthält jährliche Herbstberichte entsprechend der Laufzeit der Akte von 1900 bis 1949.

[Be]zirk: Gemeinde:

Herbstbericht 1936

Tag des Beginns der Weinlese 1. Oktober

Gesamte Rebfläche . . . . 150 Hektar xXxX Ar

davon:

a) nicht ertragfähige Rebfläche . 20 Hektar XX Ar

b) ertragende Rebfläche insgesamt 130 Hektar Ar

	Weißwein	Rotwein	Weißherbst Gemischter Wein (Schiller)
3. Von der ertragenden Rebfläche entfallen auf	40 Hekt. Ar	60 Hekt. Ar	50 Hekt. Ar
4. Durchschnittlicher Mostertrag von 1 ha (in Hektolitern)	30 hl	30 hl	32 hl
5. Gesamtertrag der Gemarkung (in Hektolitern)	1200 hl	1800 hl	1500 hl
6. Bezahlter Preis für den Hektoliter (= 2/3 Ohm) neuen Wein (Most)	30-40 RM	70-80 RM	50-60 RM
7. Güte (Qualität) der Weinernte (vorzüglich, gut, mittelmäßig, gering, sehr gering)	mittel	mittel	mittel
8. Mostgewicht nach „Öchsle"	50-60	-75-85.	70- 80

9. Wurden auch Speisetrauben (ungekelterte Weintrauben) verkauft? (Ja oder nein) nein

Wenn ja, wie groß war der Absatz im Jahr 1936? Menge ======== dz

Erlös für 1 dz ====== RM. Erlös im ganzen ======= RM.

Besondere Bemerkungen, z. B. über außergewöhnlich hohe oder geringe Menge und Güte des Weins, über Mostverkäufe und Preise usw. Der Weinverkauf ist in der Genossenschaft gut im Privatverkauf schlecht.

Die Richtigkeit der Angaben bescheinigen:

Zell-Weierbach, den 23.ten Dezember 1936.

Das Bürgermeisteramt: Broß

Die beigezogenen Sachverständigen: Falk Franz

Der Ortsbauernführer: Busam

Beispielhaft ist hier der Bogen für den Herbstbericht 1936 zu sehen. Neben der Unterschrift des ehemaligen Kreisjungbauernführers Josef Broß, der 1936 das Amt des NSDAP-Bürgermeisters innehatte, ist auch die des Ortsbauernführers Wilhelm Busam zu lesen (GA ZW „1/17b. Ermittelung der landwirtschaftlichen Bodenbenützung, Saatenstands- u. Erntestatistik betr.", in: GA ZW VII.)

Diese Dokumente waren fragebogenähnliche Schriftstücke, in denen knapp die unterschiedlichen Anbauarten und landwirtschaftlichen Nutzungen der jeweiligen Gemeinden an die badische Regierung mitgeteilt wurden. Im Laufe der Jahre veränderte sich der Aufbau der Bögen mehrfach und so waren unterschiedliche Fragen zu unterschiedlichen Zeitpunkten verschieden ausführlich gestellt oder beantwortbar. Aus den Dokumenten geht hervor, dass sich die Anbaufläche für den Wein in den Jahren 1923 bis 1926 mit 155 Hektar nicht wandelte, von 1927 bis 1934 konkret 154,88 Hektar betrug und erst 1935 eine um über 50 Prozent kleinere Fläche angegeben wird, nämlich 68,41 Hektar. Dahingegen betrug die Gesamtfläche von „Ackerland, Wiesen, Viehweiden und Rebland" für die Jahre von 1923 bis 1926 241,8 Hektar, wovon die Reben gut zwei Drittel ausmachten.

Statistik der landwirtschaftlichen Bodenflächen in Zell-Weierbach (erstellt von Leon Pfaff)

Jahr	Hektar Landwirtschaft insgesamt	Hektar Weinbaufläche
1923	241,8	155
1924	241,8	155
1925	241,8	155
1926	241,8	155
1927	729,17	154,88
1928	729,22	154,88
1929	729,22	154,88
1930	729,22	154,88
1931	729,22	154,88
1932	729,22	154,88
1933	729,22	154,88
1934	729,22	154,88
1935	595,88	68,41
1936	671,785	56,04
1937	394,955	56,36 bzw. 154
1938	k. A.	k. A.
1939	k. A.	140
1940	k. A.	76,05
1941	816,42	85,80 bzw. 85,83
1942	k. A.	97,81

Die Entwicklung hin zu verbreiteterem Anbau anderer landwirtschaftlicher Erzeugnisse zeigt sich daran, dass von 1927 bis 1934 729,22 Hektar Gesamtfläche zur Verfügung standen, wohingegen die Zahl der Weinbaufläche stagnierte und nur noch rund ein Fünftel ausmachte. Mit der radikalen Abnahme der Weinbaufläche 1935 sank auch die Gesamtfläche der Landwirtschaft in Zell-Weierbach auf rund 600 Hektar, was zeigt, dass mit 90 Hektar Verlust im Rebland nur 30 Hektar Verlust anderer Flächen einherging.[52] Gründe für die abnehmende Fläche werden aus den Berichten nicht ersichtlich. Im StA OG finden sich Akten, dass die Stadt landwirtschaftliche Grundstücke von Zell-Weierbachern erwarb; der einzige Handel, der sich 1935 nachweisen lässt, betraf jedoch lediglich ein 13 Ar und 65m² großes Stück, welches nur als Wiese deklariert wurde.[53]

Wenn auch Kreutz' Betrachtung nur lückenhaft ist[54], bestätigt seine Statistik die tendenzielle Entwicklung, dass die Gesamtfläche für Weinanbau in Zell-Weierbach seit dem Ende des 19. Jahrhunderts generellen Schwankungen unterlag. Das Wegfallen des Elsasses als Absatzmarkt hatte aber nicht zur Folge, dass in der nördlichen Ortenau ansässige Winzer:innen infolgedessen ihre Anbaugebiete verkleinerten – entgegen der zeitgenössischen Erörterung Kiefers.

In Abhängigkeit der Anbaufläche steht auch immer die jeweilige Ertragsmenge im Weinbau. Einfluss hierauf nehmen können das Wetter, Anbaumethoden und äußere Einwirkungen. Ein den Ertrag schmälernder Faktor war im 20. Jahrhundert auch Ungeziefer. Kreutz bezeichnet die Reblaus und Pilze als Grund für einen „deutlichen Schwund der Rebfläche"[55], welchem erst durch die Zunahme von „Amerikanerreben" und den durch „Propfen"[56] entstehenden Hybridstöcken „seit 1942" entgegengetreten worden sei.[57] Aus den Akten des GA ZW geht allerdings hervor, dass die Reblaus seit mindestens den frühen 1920er Jahren auch in Zell-Weierbach ein Thema und Problem[58] und ihre Bekämpfung seit 1904 durch das Reichsgesetzblatt[59] geregelt war. Zeitgenössisch wurde vor allem mit Entwurzelung und damit Zerstörung der betroffenen Rebpflanzen agiert.

Spätestens durch das Reichsministerialblatt vom 1. Februar 1923 wurde davon abgesehen, auch befallene „Propfenrebanlage[n]" zu vernichten[60], was davon zeugt, dass solche Hybride als besonders widerstandsfähig angesehen wurden. Ob die praktische Umsetzung tatsächlich bereits zeitgenössisch in Zell-Weierbach durchgeführt wurde, lässt sich nicht sagen, „Amerikanerreben" sind aber spätestens 1930 im Ort vermehrt nachweisbar[61], sodass davon ausgegangen werden muss, dass durch die Reblaus kein nennenswerter Flächenschwund – wie ihn Kreutz beschreibt – stattgefunden haben kann, erst recht nicht vor dem Hintergrund der stagnierenden Zahlen in der Statistik.[62]

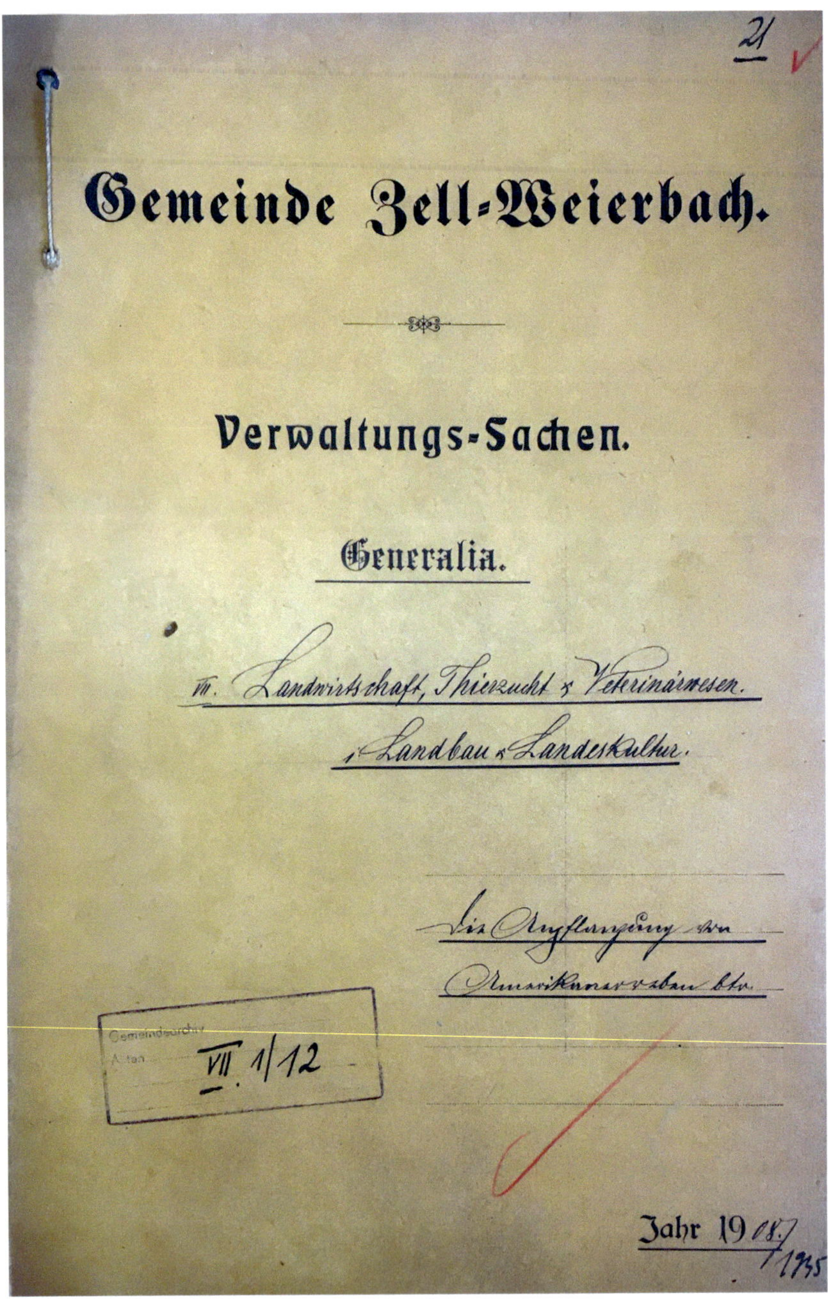

21

Gemeinde Zell-Weierbach.

Verwaltungs-Sachen.

Generalia.

VII. Landwirtschaft, Thierzucht & Veterinärwesen.

1. Landbau & Landeskultur.

Die Anpflanzung der Amerikanerreben btr.

Gemeindearchiv Akten VII. 1/12

Jahr 1908/1945

Aktendeckel mit Hinweis auf die frühe Thematisierung von „Amerikanerreben" in Zell-Weierbach mit Angabe der Laufzeit von 1908 bis 1945. Innerhalb der Akte finden sich aber vor allem Rundschreiben, die keinen konkreten Rückschluss auf die Verhältnisse in Zell-Weierbach zulassen (GA ZW „1/12. Die Anpflanzung der Amerikanerreben btr.", in: GA ZW VII.)

Zusammenschluss in Krisenzeiten

Das Jahr 1923 bietet sich als Ausgangspunkt Betrachtung an. In diesem Jahr wurde nicht nur die Winzergenossenschaft Zell-Weierbachs gegründet, es stellt auch eine Zäsur für die lokalgeschichtliche Geschichtsschreibung dar: So endet die Untersuchung Ludwig Heizmanns zu den Herbstberichten 1923[63], Gernot Kreutz' Geschichte des Ortenauer Weinbaus in Zell-Weierbach behandelt ebenfalls lediglich die Jahre bis zur Gründung der WG; zudem stellten die Ereignisse im Offenburger Rebland die Gesellschaft der jungen Weimarer Republik in der Region auf die Probe.

Die Weltkriegsfolgen in der Region Offenburg[64]

Die Weimarer Republik befand sich von Anfang an in einem internationalen politischen Spannungsfeld. So begann die Besetzung des Ruhrgebietes 1923 durch französische Truppen. Dies dürfte eine der im kollektiven Gedächtnis präsentesten Konsequenzen des Versailler Friedensvertrages sein.[65] Dass neben der Ruhrbesetzung nahezu gleichzeitig die Stationierung französischer Truppen in badischen Städten in Rheinnähe stattfand, wird häufig vergessen. Neben den beiden Großstädten Mannheim und Karlsruhe war auch die Nachbarstadt Straßburgs, Kehl, besetzt, dies sogar schon seit 1919. Am 4. Februar 1923 rückten von dort rund 1700 französische Soldaten nach Offenburg, um den Bahnhof in Besitz zu nehmen.[66]

Gall bezeichnet dies als einen der essentiellen Punkte, an dem sich junge Männer der Stadt parteiübergreifend politisierten und radikalisierten, da die Konfrontation mit dem zeitgenössischen ‚Erbfeind' Frankreich nun unmittelbar vor der Haustür stattfand. Insbesondere die junge völkische Rechte instrumentalisierte damit das Feindbild ‚der Franzosen'.[67] Mehrere spätere „Alte Kämpfer"[68] der Offenburger NSDAP sollten sich durch die aus der Besetzung resultierenden Ereignisse in ihrer Gesinnung bestätigt fühlen.[69] Insofern kann die Besetzung Offenburgs parallel zur Ruhrbesetzung im Frühjahr 1923 als eine Krise der Region gesehen werden, wenn auch die Auseinandersetzungen zwischen Deutschen und Franzosen in Offenburg nicht so intensiv waren wie im Ruhrgebiet.[70]

In Zell-Weierbach selbst lebten und agierten ebenso fanatische militante und nationalistische Männer. Eine Festschrift der Offenburger NSDAP anlässlich ihres zehnjährigen Bestehens 1934 benennt, dass „die sog. Freischar Damm[71] unter Decknamen" bei Philipp Bachmann in Zell-Weierbach 1923 Schießübungen auf dessen Grundstück veranstaltete[72] – zudem verfügte dieser über ein vermutlich weitreichendes Netzwerk innerhalb der rechtsradikalen Szene. Die Quellenlage zu Bachmann ist sehr schwierig, da kaum Dokumente über ihn als Person existieren – aus einem im StAF enthaltenen Schriftstück wird ersichtlich, dass er bezeichnenderweise Weinhändler war.[73] Dies zeigt, dass die Ereignisse und Entwicklungen um die Ruhr- respektive Offenburgbesetzung auf der Mikroebene einen konkreten Bezug zur Weinthematik in Zell-Weierbach hatten und die damaligen Symptome der Gesellschaft auch für diesen Ort greifbar sind.

In Zusammenhang mit den Besetzungen stand auch die exorbitante Geldentwertung der deutschen Reichsmark.[74] Nach der Begriffsdefinition Reinhart Kosellecks[75] hatte diese Krise Auswirkungen auf andere Bereiche des

PHILIPP BACHMANN

ZELL-RIEDLE B. OFFENBURG (BADEN)
WEINGUT U. VILLA A. D. SCHÖNFELS
FERNSPRECHER NO. 461. OFFENBURG

Ein Briefkopf Bachmanns benennt seinen Wohn- oder Arbeitsort als „Weingut u. Villa a. D. Schönfels" im Riedle, heute Talweg 115. Bezeichnenderweise unterschrieb er bereits 1923 „Mit deutschem Gruß" und verwendete das Hakenkreuz – wenn auch spiegelverkehrt unter seiner Signatur (Staatsarchiv Freiburg „B 728/1 4103. Besetzung der Stadt Offenburg durch die Franzosen. 1923–1924")

öffentlichen Lebens; so hatte die deutsche Bevölkerung unter dem unverhältnismäßig hohen Anstieg von Preisen für Alltagsgüter und Lebensmittel während der Hyperinflation extrem zu leiden. Auch auf die Bevölkerung des Offenburger Reblandes hatte die französische Besetzung des Offenburger Bahnhofs Auswirkungen[76], da viele Menschen aus den Weinorten bei der Reichsbahn arbeiteten. Nicht nur durch die republikweit aufkommende Inflation verarmten 1923 viele Menschen der Region[77]; aufgrund der Besetzung des Offenburger Bahnhofs verloren auch viele bei der Bahn Arbeitenden ihren Arbeitsplatz.[78]

Armut und Arbeitslosigkeit betrafen die Familien des Offenburger Reblandes generell.[79] Zwar wirkte sich die wirtschaftliche Stabilisierung nach Beendigung des Ruhrkampfes auch auf Baden aus[80], infolge von zunehmender Parzellierung der privat besessenen Grundstücke und landwirtschaftlichen Flächen – darunter auch solche, auf denen Weinbau betrieben wurde – aufgrund von Erbteilungen mussten schon seit dem späten 19. Jahrhundert immer mehr Menschen aus landwirtschaftlich geprägten Familien als „Arbeiterbauern“ eine zusätzliche Arbeitsstelle annehmen. Diese Beschäftigungsverhältnisse waren oft saisonal begrenzt und so kam es in den 1920er Jahren infolge häufig wechselnder Arbeitsverhältnisse und sich verringernden Besitzes im Rebland vermehrt zu Wohnungsnot und Kapitalmangel.

Zwar konnte die Arbeitslosigkeit und damit verbundene Armut zum Teil von der Dorfgemeinschaft aufgefangen werden, jedoch bestand bei vielen Menschen eine Scheu vor dem Status eines öffentlichen Wohlfahrtsempfängers. So gerieten viele Menschen in den Kreislauf von Schulden, Zinsen und Zwangsversteigerungen.[81]

Die Gründung der Winzergenossenschaft

Die Chance auf bessere Wirtschaftsverhältnisse sahen viele der damaligen Landwirtschaft Betreibende in einem genossenschaftlichen Zusammenschluss. So wurde am 13. Mai 1923 die Winzergenossenschaft Zell-Weierbach als eine der ersten Badens gegründet.[82] Das Amt des Geschäftsführers bekleidete seit der Gründung der Lehrer Franz Schäffner, der der „eigentliche Initiator der Genossenschaft […] und ihr unermüdlicher Motor über die Jahre hinweg“[83] gewesen sei. Der Gründung vorausgegangen waren langwierige Überlegungen, die Weinbau betreibenden Landwirtschaften genossenschaftlich zu strukturieren.[84] Ob die tagespolitischen Entwicklungen in der Kernstadt Auslöser hierfür waren, lässt sich aus den heute verfügbaren Quellen nicht mehr nachvollziehen. Es ist aber zu vermuten, dass die Auswirkungen der politischen Krise in Offenburg 1923 die Maßnahmen im Rebland katalysierten und förderten.

Im Gemeindearchiv Zell-Weierbachs sind kaum zeitgenössische Unterlagen vorhanden, die die Entstehung und Entwicklung der WG selbst behandeln. Dokumente wie Rechnungen, Fotografien und Berichte stammen aus Privatnachlässen[85] und gehören somit meistens der Gruppe der Ego-Dokumente an, die zu persönlichen Zwecken als Belege und Erinnerungsstücke geschaffen werden – 100 Jahre später aber die letzten bekannten Auskünfte über die Frühphase der WG geben. Daneben existieren zu speziellen Jubiläen verfasste Festschriften, welche über die Jahre hinweg stark repetitiv wirken und meist zeitgenössische Aspekte des Jubiläumsjahres in den Vordergrund stellen.[86] In den Beständen der WG ZW selbst sind keine Dokumente mehr vorhanden.[87]

Es wird dennoch deutlich, dass das Jahr 1923 für die dörfliche Gesellschaft viele Veränderungen brachte, die teils vom internationalen politischen Geschehen beeinflusst waren. Als Grundlage für die Frage nach Entwicklungen und Kontinuitäten im Zell-Weierbacher Weinbau über den Nationalso-

Bei diesem Gebäude handelt es sich um den ersten Winzerkeller der WG, der 1934 erbaut wurde und bereits 1937 zu klein war (Rohn, Jürgen: Genossen aus Not. 75 Jahre Winzergenossenschaft Zell-Weierbach, Zell-Weierbach 1998, S. 35. Das Bild befindet sich im Original heute im GA ZW, Ordner „WG Anfang–2009")

zialismus hinweg bieten sich glücklicherweise vielzählige weitere Quellen an, die Auskunft über die dörflichen Lebenswelten und landwirtschaftlichen Produktionsbedingungen der 1920er und frühen 1930er Jahre geben.

Gustavo Corni und Francesco Frizzera sehen in der Folge der Hyperinflation der Jahre 1922 und 1923 und der daraus entstehenden wirtschaftlichen wie gesellschaftlichen Entwicklungen eine „Ernährungskrise".[88] Dass die Gründung der WG in Zell-Weierbach in diese Zeit fällt, scheint schlüssig, betrachtet man die Folgen, die die Ereignisse der Nachkriegsjahre für die landwirtschaftliche dörfliche Gesellschaft hatten. Es zeigt sich, dass die Größe der für den Weinbau genutzten Flächen natürlich Auswirkung auf die Ertragsmenge der einzelnen Jahrgänge hatte; es lassen sich aber keine Rückschlüsse auf Änderungen der Rebflächen aufgrund politischer und äußerer Einflüsse und Rahmenbedingungen in Zell-Weierbach bis in die Mitte der 1930er Jahre feststellen. Wetterbedingungen, Schädlinge und andere umweltbedingte Konditionen können dennoch Einfluss auf die Entwicklung der Anbaubedingungen und damit der Weinerträge gehabt haben. Für eine komplexere Betrachtung der Entwicklung des Weinbaus über die Rahmenbedingungen und (Boden-)Grundlagen hinaus ist daher eine vertiefende Betrachtung von kurzfristigeren, einzelnen Ereignissen innerhalb der dörflichen Gesellschaft[89] notwendig.

Der „Herbst" (StA OG „09/283-10 Weinlese 1953 Zell")

Der dörfliche Alltag in den 1920er und 1930er Jahren

Die Arbeitskräfte und der Zell-Weierbacher Esel

In Gesprächen mit Zeitzeug:innen der Geburtsjahrgänge der 1920er und 1930er Jahre wird oft betont, wie arbeitsintensiv der Alltag der Zell-Weierbacher:innen damals ausgesehen habe[90]: Oft vor Sonnenaufgang standen die Erwachsenen auf, um die eigenen oder gepachteten Felder zu bewirtschaften oder von dort Futter für die wenigen Tiere zu holen, die die Familie besaß. Viele dieser Grundstücke lagen außerhalb der Zell-Weierbacher Gemarkung und mussten ohne motorisiertes Gefährt erreicht werden. Hierfür wurden lange Fußmärsche in Kauf genommen, wobei die im Haushalt vorhandenen Kinder von älteren Geschwistern oder den von den Feldern heimkehrenden Eltern versorgt und in die Schule geschickt wurden. Im Laufe des Nachmittages musste dann oft die gesamte Familie auf dem Feld, in den Reben oder im familieneigenen Betrieb und Hof arbeiten – insbesondere, wenn die Familie ihren Lebensunterhalt nicht rein über die Landwirtschaft finanzierte und andere Familienangehörige in der Offenburger Industrie arbeiteten.[91]

Gerade die Familien, die unter den Folgen von Weltwirtschaftskrise und Inflation gelitten hatten, suchten in der Stadt nach Fest- oder Saisonanstellungen oder verdingten sich als Tagelöhner:innen im Dorf für einen Lebensstandard über dem Existenzminimum.[92] Meist lebten diese Familien in einfachen, einstöckigen Wohnungen mit vielen Kindern und wenig Wohnraum. Um überleben zu können und nicht vollständig von der immer stärker einflussnehmenden Konsumgesellschaft[93] abhängig zu sein, hielten sie nahe dem Haus, oft in provisorischen Unterställen, eine oder wenige Arten von Nutztieren. Kühe, Ziegen und Hühner stellten als Lebensmittellieferanten eine existenzielle Grundlage und damit einen zentralen Aspekt des alltägli-

Neben den Eseln wurden auch Pferde zur Weinlese in den Rebbergen eingesetzt (StA OG „09/283-23 Weinlese 1953“)

chen Lebens dar. Insbesondere der Einsatz von Rindvieh erleichterte die Arbeiten, die für die Menschen körperlich anstrengend waren; teilweise wurden Esel als Arbeitstiere genutzt – es mag sein, dass dies Einfluss darauf hatte, dass der Esel noch heute als traditionelles Symbol Zell-Weierbachs gilt.[94]

„Wir auf dem Dorf“[95] – Erinnern und Erzählen

Die Untersuchung der dörflichen Lebenswelten findet im Folgenden unter Einbezug des Weinbaus statt. Hierfür bietet insbesondere Kreutz grundsätzliche Anknüpfungspunkte.[96] Der Weinbau wird hier in verschiedenen Facetten der 1920er und frühen 1930er Jahre erörtert. Die Gesellschaft Zell-Weierbachs war nicht homogen, sondern unter verschiedenen Aspekten recht unterschiedlich. Landwirtschaftliche Voraussetzungen, wie im Besitz befindliche Grundstücke und Arbeitstiere, waren nicht zwangsläufig ein Indiz für Reichtum, weswegen arme und reiche Familien nicht eindeutig zugeordnet werden können. Aspekte wie Arbeitsbedingungen und -verhältnisse können nur anhand einzelner Zeugnisse rekonstruiert werden, dürfen aber in keinem Fall pauschalisiert dargestellt oder wahrgenommen werden. Die folgenden Schilderungen sollen vielmehr als Grundlage dafür dienen, der Frage nach Änderungen und Kontinuitäten durch den NS nachzugehen.

Nutzen lassen sich die Oral History ebenso wie Archivquellen, um Aspekte der Dorfgesellschaft von vor einhundert Jahren zu rekonstruieren. Der Großteil der Gespräche fand mit Menschen statt, die in den 1930er Jahren geboren wurden und dementsprechend wenig oder keine Erinnerungen an die Zeit vor dem nationalsozialistischen Regime haben können. Im GA ZW befinden sich vier vom Heimat- und Geschichtsverein geführte Interviews von Zeitzeug:innen, die zwischen 1916 und 1925 geboren wurden.[97] Zudem existieren verschriftlichte Memoiren verschiedener Personen. Hinzuziehen lässt sich für das Offenburger Rebland Wolfgang M. Galls Magisterarbeit, in welcher er betrachtet, wie sich die dörfliche Bevölkerung östlich Offenburgs nach der Weltwirtschaftskrise entwickelte.

Exkurs: Kontakte der Zell-Weierbacher zum Judentum

Unter anderem beim Erwerb von Tieren kam es immer wieder zu Berührungspunkten insbesondere der finanziell schwächeren Bevölkerung des Reblandes mit der jüdischen Bevölkerung. ZW verfügte über keine jüdische Gemeinde, auch sind keine jüdischen Bewohner:innen des Ortes nachweisbar. Mehrere Zeitzeug:innen berichteten jedoch darüber, dass jüdische Händler Zell-Weierbach mehrmals im Jahr besuchten und etwa als Tierhändler und Finanzgeber fungierten.[98]

So ist von mindestens zwei Familien aus Zell-Weierbach überliefert, dass sie für den landwirtschaftlichen Nebenerwerb eine Kuh eines jüdischen Anbieters erwarben, diese aber nicht aus den eigenen finanziellen Mitteln bezahlen konnten. Deshalb nahmen sie bei diesem Händler dann ein Darlehen auf, welches sie sukzessive basierend auf dem landwirtschaftlichen Ertrag zurückzahlten. Die finanziellen Konditionen jener jüdischen Geldgeber wurden in aktuellen Interviews von den damals noch im Kindes- oder Jugendalter Befindlichen stets als fair geschildert.

Es muss jedoch beachtet werden, dass diese Aussagen mit dem Wissen über den später stattgefundenen Holocaust getätigt wurden und sie sich im Kontext einer Schuldabweisung respektive einer Positionierung auf pro-semitischer Seite betrachten ließen. Ein Grund hierfür könnte eine gewünschte Entflechtung der eigenen Familiengeschichte von den Verbrechen des NS-Regimes sein.[99]

Um diese Handelsbeziehungen und das tatsächliche Denken der dörflichen Bevölkerung reflektieren zu können, sind in den historischen Beständen keine Quellen vorhanden. Deswegen können keine tendenziellen Aussagen über das Bild getroffen werden, das die Gesellschaft Zell-Weierbachs oder Teile von ihr über das Judentum hatten.

Es lassen sich anhand der Aussagen von Zeitzeug:innen lediglich wenige einzelne Berührungspunkte der jüdischen Gesellschaft mit der des Dorfes bruchstückhaft rekonstruieren.

Arbeit und Handel

Grundlage für den Vertrieb von Wein war immer die zuvor getätigte Arbeit in den Reben. Die Ertragsmenge war abhängig von der Pflege der Rebstöcke, konnte aber durch äußere Einwirkungen beeinträchtigt werden. Die Ernteausfälle aufgrund kalter, verhagelter Winter, schwerer Regenfälle und Insektenplagen von 1928 bis 1932 trugen zur generellen verminderten Möglichkeit bei, in der Landwirtschaft der Ortenau Geld zu verdienen.[100] Der 1932 geborene Alfred Falk[101] beschreibt die landwirtschaftliche Situation seiner Elterngeneration und die daraus resultierenden finanziellen Folgen für diese:

> *Die Leute waren ärmer wie heute. Einwandfrei. Die haben zwei Stück Vieh gehabt, die Älteren, zwei Säue aufgezogen und wie viel Ar haben sie gehabt? Stück, 10, 15 oder 20 Ar Reben und davon haben sie müssen leben dann und die Triebel[102] sind abgeliefert worden, […]. Die haben ja das Geld gebraucht.*[103]

Alfred Falk vergleicht die Situation zwar im Gesprächskontext mit der Gegenwart des 21. Jahrhunderts, seine Aussagen gewähren jedoch einen Einblick, wie die wirtschaftliche Situation einer Zell-Weierbacher Familie während der Weimarer Republik ausgesehen haben könnte.

Die 1925 geborene Irmgard Ruf spricht über die finanziell schwierige Situation ihrer Eltern während ihrer Kindheit und bestätigt damit Alfred Falks Aussage der armen Elterngeneration in den frühen Jahren der Weimarer Republik. Sie betont, dass das Leben von den Erträgen aus dem Weinbau allein nicht möglich war, sondern – wollte oder konnte man nicht in der Stadt arbeiten – man zusätzliche landwirtschaftliche Erwerbsmöglichkeiten benötigte: „Sonst, vom Wald […], aber die haben noch von der Milch gelebt, ich weiß nichts von sonst."[104]

Friedrich Falk, Jahrgang 1919, berichtet von seinen frühesten Erinnerungen: Wie reisende Händler ins Dorf kamen und den selbstgemachten Wein der Eltern aufkauften: „da haben sie den Wein daheim gehabt und da sind als so Händler gekommen und haben als gekauft. Auch im Dorf haben wir zwei gehabt, zwei Küfer."[105]

Diese Musterentwürfe für Weinetiketten der Mainzer Druckerei O. Maubach benennen den hiesigen Weinort zwar fälschlicherweise als „Zell Weiherbach", zeigen aber Motive des Ortes 1940. Ob es zur Produktion kam, ist nicht bekannt (StA OG „21 (Varia) Weinetiketter ‚Zell Weiherbach', 1940")

Ergänzend hierzu lässt sich die Aussage des 1916 geborenen Hermann Falk heranziehen. Er beschreibt die damalige Arbeit im Weinberg sowie den Handel und betont die wirtschaftliche Abhängigkeit der Weinbaubetreibenden:

> *[D]a haben sie den Amerikaner*[106] *gepflanzt und haben den Wein dann verkauft an die Händler. Da ist der Weinwagen noch gekommen. Der Herbstwagen und der hat den Wein aufgekauft, der Händler und hat alles zusammen gemacht.*
>
> *Mutter ist in Offenburg ins Dolde*[107] *ein Leben lang gewesen und ist aber zu Fuß da reingelaufen jeden Tag und der Lebensunterhalt, den sie gebraucht haben daheim, ist von dem Geld bestritten worden, was sie verdient hat, dort. Sonst wären ja an und für sich keine Einnahmen da gewesen.*[108]

Hieraus lässt sich ein wichtiger Grund für die Gründung der Winzergenossenschaft ableiten: Die Familien, die Weinbau betrieben, waren abhängig von den Preisen der von auswärts kommenden Händler und mussten notwendigerweise zu deren Konditionen verkaufen, um nicht auf ihren Produkten sitzenzubleiben und womöglich gar keine Einnahmen zu haben. „Dadurch ist auch der Raiffeisen gekommen. Der Raiffeisen [...] war Genossenschaftsgründer."[109] In der Tat war Friedrich-Wilhelm Raiffeisen ein Vorreiter der ländlichen Genossenschaftsbewegung, insbesondere für die christlich geprägten Ortschaften.[110]

Die Reaktionen auf die Gründung der WG fielen unterschiedlich aus: Die im Ort ansässigen Küfer verloren eines ihrer Haupthandelsprodukte, wie der Enkel einer der Küfer, Herbert Näger berichtet.[111] Kreutz betont: „Die [wenigen] kapitalkräftigeren Rebbauern standen natürlich dem Genossenschaftsgedanken zunächst einmal fern"[112], da sie als Mitglied der WG „die wirtschaftlich schwächeren Rebleute [...] durch Krediterteilung"[113] unterstützen mussten. Der Großteil der Zell-Weierbacher Landwirtsfamilien besaß aber lediglich wenige Ar Rebfläche[114], sodass ihre Erträge – aufgrund des Wetters, von Rebschädlingen oder von anderen äußeren Umständen bedingt – anfällig und oft vermindert waren. Hierunter litt dann die Qualität des Weines, da gerade bei kleineren Chargen Fehler im Verarbeitungsprozess schlecht ausgeglichen werden konnten. Durch das Zusammenführen des Leseguts verschiedener Parzellen konnten vereinheitlichte Sorten der jeweiligen Jahrgänge produziert werden.

635	Mat	Albert, Lor.S.	Landwirt	"	"	43	"	3869	4,77	3,00			ja
636	"	"	"	"	"	43	"	3870	4,90	4,90			ja
637	Ruf	Anton	"	Zell-Weierbach			"	3871	2,82	2,82			ja
638	Hauser	Theodor	Weichenwärter	a.D. Rammersweier	"	15a	"	3872	2,40	2,40	4 St	8 St	Rest ja
639	"	"	"	"	"	15a	"	3873	2.46	2.46			ja
640	Pfaff	Franz	Bahnschlosser	a.D, "	"	16	"	3874	4,69	4,69	80 St	40 St	Rest ja

Dieser Ausschnitt aus dem Hybriden-Kataster gibt neben Namen, Beruf und Wohnort der Besitzer:innen von Reben auch den jeweiligen Gewannnamen (hier: „Neuer Berg, Sommerseite (Kreuzebene)"), die Lagebuchnummer, Grundstücksgröße (auch: Größe der Hybridenfläche) sowie das Alter (vor oder nach 1933 angelegt) und die Anzahl der im Ertrag stehenden Reben an. Das Rebstück mit beispielsweise der Lagebuchnummer 3874 von Franz Pfaff (Ur-Urgroßvater des Autors) war 4,69 Ar groß und komplett mit Hybriden bewirtschaftet, 80 Stück waren 1933 angelegt worden, 40 davon allerdings nicht ertragsfähig („Rebgemarkung Rammersweier Amt Offenburg", in: StAF „B 728/1 6050. Hybriden-Kataster")

Der WG kritisch gegenüberstehenden Weinbauern sollte es nicht möglich sein, eigene Trauben zurückzuhalten, da sie so beispielsweise lediglich minderwertiges Lesegut abgeben und qualitativ höherwertiges zur eigenen Herstellung von Wein hätten behalten können. Um die Qualität des Weines auf einem konstant hohen Niveau zu halten, mussten daher alle Genossenschaftsmitglieder sämtliches Lesegut abliefern, wobei erst 1934 „der Ablieferungszwang voll durchgesetzt werden"[115] konnte, wie Kreutz betont.

Es lässt sich in jedem Falle festhalten, dass die Motive für die Gründung der WG Zell-Weierbach in den landwirtschaftlichen Anbau- und den Lebensbedingungen der dörflichen Gesellschaft lagen. Trotz kritischer Stimmen einiger weniger wohlhabender Rebbauern konnte durch die WG-Gründung 1923 die wirtschaftliche Situation der breiten Masse der sukzessive verarmenden Weinbaubetreibenden ansatzweise verbessert oder stabilisiert werden. Schwere Arbeits- und Lebensbedingungen im landwirtschaftlich-geprägten Dorf waren allerdings trotz der WG als Institution nach 1923 weiter vorhanden.

Ein Blick in den Weinberg

Differenzen bei Anbauart und Sorten

Der Weinbau und der Vertrieb des Weins abseits der Winzergenossenschaft wird in unterschiedlichen Aspekten von Zeitzeug:innen und historischen Quellen beleuchtet. Im Unterschied zu den heutzutage bewirtschafteten Rebflächen sahen die Rebkulturen in den 1920er Jahren noch anders aus, wie der 1919 geborene Friedrich Falk zu berichten weiß. Über seine Arbeit in den Reben im Kindesalter erzählt er:

> *[D]a waren es erstens Stockreben. Und dann haben sie an jedem Stecken, an jedem Stock, haben sie zwei Bögen gemacht früher. Also dann zwei Bögen und am zweiten Bogen da hast du nochmal einen kleineren Stock hingestellt daneben, dass die beiden Bögen nicht an einem Stock waren.*[116]

Dass Reben an einzelnen Stöcken auch bis nach dem Zweiten Weltkrieg in der Region angebaut wurden, belegt diese Fotografie aus dem Stadtarchiv Offenburg (StA OG „09/283-29 Weinlese 1953")

Gängig war diese Art des Rebbaus bis mindestens in die 1930er Jahre, wie ein Anleitungsfilm von 1936 über den Weinbau im Ahrtal im Vergleich zeigt.[117]

Der Vorteil gegenüber heutigen Anbaumethoden lag einerseits in der einfachen Bewirtschaftung der Reben durch ungelernte Fachkräfte. Andererseits bot die früher verbreitete terrassenförmige Geländegestaltung in den Weinbergen wenig Platz für heutige linienförmig verlaufende Reben, da sie aufgrund der abgestuften Abhänge von zwei Seiten schwer zu bewirtschaften waren und der Sonne stets nur mit einer Seite zugewandt waren.[118]

Die bereits erörterte Problematik der Reblaus und der Amerikanerreben hielt in den 1920er und 1930er Jahren Einzug in den Weinbau. Aus den Unterlagen des GA ZW und der Literatur zum Ort geht hervor, dass bereits seit 1929 entsprechend befallene Rebstöcke vernichtet wurden, um den restlichen Weinberg zu schützen.[119] Schädlinge im Weinbau und geschädigte Rebstöcke zu ‚vernichten' war somit nicht erst ein im Rahmen der NS-Ideologie gebräuchlicher Terminus.[120]

Es zeigt sich anhand der Ende der 1920er Jahre gebräuchlichen Begriffe und Methoden, dass die Arbeit im Weinbau anspruchsvoll und körperlich fordernd war und zeitlich gut geplant werden musste, was nachfolgend detaillierter ausgeführt wird.

Spritzen, Schneiden, Schuften

Die Arbeit im Rebberg begann in der Regel morgens, um nicht mit eventuell anderen beruflichen Tätigkeiten zu kollidieren, was aus einer Erzählung von Irmgard Ruf über ihren Vater, den hiesigen Mesmer, hervorgeht.[121] Je nach Monat und Wetterlage standen unterschiedliche Tätigkeiten an, wobei das mehrmals pro Jahr durchgeführte Spritzen mit Kupfervitriol vor allem Pilzerkrankungen vorbeugen sollte, während Arsen zur Ungezieferbekämpfung genutzt wurde, was aufgrund des manuellen Auftragens mittels Batteriespritzen für Menschen gefährlich sein konnte.[122]

Für einfachere Arbeiten wurden oft die Kinder herangezogen. Neben ihrer nicht immer freiwilligen Arbeitskraft boten sie eine gewisse Form der Altersabsicherung, wenn durch Heiraten etwa familiäre Beziehungen und Wohlstand erhofft wurden.[123] Mehrere Gesprächspartner:innen bestätigten, dass sie nach der Schule oft noch in der elterlichen Landwirtschaft mithelfen mussten, so auch in den Reben.[124] Alfred Litterst erinnert sich an die Arbeit mit Werkzeugen und das Aufteilen verschiedener Tätigkeiten mit den Erwachsenen, männlich und weiblich[125], welche bei ihrer Arbeit häufig einen zusätzlichen sogenannten „Ruckkorb"[126] trugen, während die Kinder *immer eine Hau gekriegt [haben]. [...] Da, wo sie heute in den Reben Gras mähen, haben wir müssen hacken. Von der Schule heimkommen und hacken und nachher noch schnell Hausaufgaben machen. Oder wenn jetzt da Ernte war. Eher wie wir, da sind sie zu fünft, sechst gestanden, zuerst sind sie hingekommen, die alten mit der Sense, haben mit der Sense gemäht und später, wo sie dann – die Maschine – gekommen ist, sind wir nachher mit dem Wanngäbelein*[127] *und haben es rumgedreht, am Abend zusammen gemacht und Häuflein gemacht.*[128]

Hieran zeigt sich, wie vielfältig die verschiedenen landwirtschaftlichen Anbaubereiche waren und wie sehr sie zusammenhingen: Gegenwärtig kann das in den Reben gemähte Gras mit regulärem Grünschnitt entsorgt werden, dagegen ist die Verarbeitung und Nutzung sämtlicher aus dem Weinbau entstehenden Ressourcen ein phänotypisches Beispiel für die Bedarfe der ärmlichen dörflichen und vorindustriellen Gesellschaft. Dies kann auch anhand des damals üblichen Beispiels des Dürrholzsammelns im hiesigen Wald gezeigt werden.[129] Es war aufgrund bereits erörterter schlechter Erträge im

Das Spritzen der Reben geschah bis mindestens in die 1960er Jahre oftmals noch von Hand, was einerseits einen gezielteren Einsatz der Spritzmittel ermöglichte, allerdings auch die Arbeitenden in den Reben potentiell gefährdete (StA OG „09/280-13 Weinbau 1966 Spritzen")

Verschiedene Fuhrwerke für die Arbeit in den Reben (StA OG „09/280-10 Weinbau 1966. Vermerk: PBS-Foto")

Das Bild trägt die Unterschrift: „Wilhelm Litterst (Krizbur) geb. 21.7.1894 mit seinem ersten Traktor, Erster in Zell, 1938 gekauft u. verkauft 1961. Danach kaufte er einen Größeren" (Privatbesitz Artur Litterst)

Weinbau notwendig, alle zur Verfügung stehenden Ressourcen zu nutzen, um wirtschaftliche Verluste zumindest so weit eindämmen zu können, damit die eigene Familie in keine finanzielle Not oder gar lebensbedrohliche Existenzkrise geriet. Friedrich Falk erinnert sich hieran:

> *Also mit den Reben früher war es also schlimm. Ich weiß, in meiner Kindzeit. Es waren mitunter schlechte Ernten und von dem haben die Leute sollen leben. […] wenn sie Glück gehabt haben, haben sie ihre Erdäpfel gehabt, die haben sie gehabt. Und haben es gebraucht, dass sie das Brot gehabt haben für das ganze Jahr und Gemüse haben sie auch gepflanzt.*[130]

Für die Weinernte betont Falk ebenfalls, dass „sie es nicht so genau genommen [haben], da haben sie noch keine Oechsle[131] gemessen. Da ist halt alles [an Trauben] genommen worden".[132] Dies hatte zur Folge, dass die Qualität der einzelnen Jahrgänge unterschiedlich ausfiel und schwankte, was sich anhand der qualitativen Beurteilung verschiedener Jahrgänge bis in die frühen 1920er Jahre widerspiegelt.[133] Einen Grund hierfür nennt Willi Litterst, der zwar erst 1933 geboren wurde, aber in seiner späteren beruflichen Tätigkeit als Kellermeister der WG Zell-Weierbach viel Erfahrung im Weinbau sammeln konnte. Er beschreibt das Verhältnis der unterschiedlichen landwirtschaftlichen Anbauarten zueinander ebenso wie die Folgen, die sich hieraus ergaben:

> *Die Betriebe früher, die haben ja Obst gehabt, die haben Landwirtschaft gehabt, Wiesen gehabt und der Wein war halt auch noch da. Und das war vielleicht auch ein Grund, warum man nicht so exakt Zeit immer einhalten hat können [rechtzeitig zu ernten], weil andere Kulturen Vorrang hatten und dann hat man das Rebenspritzen vergessen, da ist nicht mehr so, wie das heute exakt ist.*[134]

Die ständige Bewirtschaftung unterschiedlicher landwirtschaftlicher Produkte sowie vom Wetter und Reifeprozess abhängige Pflege- und Erntezeiten führten dann oft zu Missernten oder qualitativ minderwertigen Jahrgängen, die dennoch verarbeitet wurden – sei es in der WG oder im Privathaushalt:

> *Und da haben sie dann die Maische gemahlen, also die Triebel und da sind sie [in Holzfässer] reingekommen und da sind sie drei, vier Monate drin gelegen zum Vergären und dann haben sie sie wieder rausgeholt […] und dann haben sie sie getrottet. Und durch das, dass das so lange mit den Stielen da drin gegärt hat, war der rote [Wein] halt rau, so rau auf der Zunge. So könntest du ihn heute nicht mehr trinken.*[135]

Dabei konnte es passieren, dass Wein entstand, der für den Verkauf nicht mehr geeignet war, sondern lediglich für den Eigenbedarf respektive -konsum Verwendung fand. Aufbewahrt wurde der verkäufliche Wein dann im haus- oder WG-eigenen Keller.[136] Wie anschließend zu diskutieren sein wird, gab es für die Weinbau betreibenden Familien verschiedene Möglichkeiten, aus diesem Profit zu erzielen.

Orte des Weingenusses

„Wo guter Wein wächst wie in Zell-Weierbach, da floriert auch die Gastronomie."[137] So bezeichnet die Festschrift des Ortes anlässlich dessen 750. Jubiläum die Beziehung zwischen dem Wein und dem öffentlichen Raum, in dem dieser konsumiert wird. Die – wie in der Region insgesamt zahlreich vorhandene – Gastronomie von Zell-Weierbach wurde von den Entwicklungen der 1920er und 1930er Jahre beeinflusst.

Straußwirtschaften zur Selbstvermarktung

Privatpersonen hatten die Möglichkeit, Wein auf verschiedene Weisen zu vertreiben, wodurch er für sie wirtschaftlich rentabel werden konnte. Straußwirtschaften im eigenen Haus boten den Weinbesitzenden die Möglichkeit, einige Wochen im Jahr ihre selbstproduzierten Traubenerzeugnisse mitsamt Speisen anzubieten. Die behördliche Genehmigung zum Ausschank wurde dadurch gekennzeichnet, dass am Haus oder Hof ein „Strauß" – also ein Bündel von Zweigen – befestigt war.[138] Dies stellte einen Unterschied zu beispielsweise größeren gastronomischen Betrieben dar, die hauptberuflich geführt wurden und nachweislich als Ort des gesellschaftlichen Beisammenseins fest im Dorfgeschehen etabliert waren.[139]

In dem die erste Hälfte des 20. Jahrhunderts betreffenden Bestand „V. Handel, Gewerbe, Kunst" des GA ZW finden sich unter „2. Gewerbebetriebe" 34 Akten, von denen mindestens 13 dem Namen nach zu urteilen die Gastronomie betreffen, wobei eine Akte lediglich den Ausschank alkoholfreier Getränke behandelt.[140] Dass mehr als ein Drittel des behördlichen Schriftguts dieses Bestandes die alkoholausschenkenden Wirtschaften behandelt, macht ansatzweise deutlich, dass der Konsum von – insbesondere lokal produziertem – Alkohol zum gesellschaftlichen Leben der dörflichen Bevölkerung beitrug, wenn er nicht sogar ein wesentlicher Bestandteil dessen war.[141]

Zwei der im Bestand V. enthaltenen Akten beschäftigen sich explizit mit den Straußwirtschaften über den Zeitraum von 1928 bis 1948.[142] In ihnen finden sich juristische Regularien wie die Festschreibung einer polizeilichen Sperrstunde oder die Nennung der zum Ausschank erlaubten Getränke. Daneben enthalten die Akten Gesuche einzelner Privatpersonen zum Eröffnen und Weiterbetreiben von Straußwirtschaften. Auffällig ist, dass die vom Badischen Bezirksamt erteilten Konzessionen stets daran gebunden waren, dass die Weine von den Betreibenden selbst hergestellt und andererseits einem bestimmten Jahrgang angehörig sein mussten.

In einer Mitteilung des Ministers des Innern aus Karlsruhe vom Oktober 1928 wird benannt, dass der neue „Wein im Laufe von 3 Monaten nach Herbstbeginn, längstens jedoch bis zum 1. Februar des nachfolgenden Jahres auszuschenken"[143] sei, was den Weinbaubetreibenden eine zusätzliche Absatzmöglichkeit bot und half, in den kalten Wintermonaten Erträge aus landwirtschaftlichen Erzeugnissen zu erzielen. Dies bestätigt eine Erhebung des Badischen Bezirksamtes vom März 1930, in welcher auf Nachfrage vom Bürgermeisteramt Zell-Weierbach berichtet wurde, dass der „mit der Zulassung der Straußwirtschaft[en] verfolgte Zweck der wirtschaftlichen Förderung des Winzerstandes erreicht worden" sei und keine juristischen Missstände bestanden hätten.[144]

Weder die für Zell-Weierbach verfügbare Literatur noch die im GA ZW vorhandenen Herbstberichte geben Auskunft über die Qualität und Quantität der Weine Ende der 1920er Jahre. Auffallend ist, dass in einem Schriftstück vom September des Vorjahres benannt wird, „dass verschiedentlich noch grössere Mengen Wein vom Jahre 1928 nicht verkauft sind und der Herbst vor der Türe steht", weswegen der zeitweilige Betrieb von Straußwirtschaften genehmigt werden sollte,[145], was darauf schließen lässt, dass die Fässer in den Weinkellern noch mit dem Wein des Vorjahres gefüllt waren, diese aber benötigt wurden, um den neuen Wein des Jahres verarbeiten zu können.

Im Januar 1930 wurde genehmigt, dass der Ausschank der Weine des Vorjahres sogar bis zum 31. März 1930 stattfinden durfte, ohne dass im Schreiben des Ministers ein Grund dafür gegeben wurde.[146] Für den Betrieb von Straußwirtschaften wurde darauf verwiesen, dass „ein wirkliches Bedürfnis für die Weiteroffenhaltung" einzelner Wirtschaften notwendig sei, ohne dass jedoch darauf eingegangen wurde, worin dieses Bedürfnis bestanden haben könnte.[147] Erst anhand eines im GA ZW überlieferten Schreibens aus dem Herbst des Jahres wird die Unterscheidung von Straußwirtschaften zu Gastwirtschaften und Gaststätten mit alkoholfreiem Ausschank benannt:

Ein Wegweiser (von ca. 1966) zu einer Straußwirtschaft aus dem Offenburger Umland (StA OG „09/280-8 Weinbau 1966“)

Ein vorübergehendes Bedürfnis zum Ausschank von geistigen Getränken ist nur in Ausnahmefällen und im Allgemeinen nur für solche Betriebe anzuerkennen, in denen gleichzeitig Gelegenheit besteht, Speisen in zweckentsprechender Weise einzunehmen.[148]

Weiter heißt es, dass aus Gründen des Jugendschutzes Veranstaltungen und Festlichkeiten mit überwiegend jugendlichem Publikum nicht als Begründung für das Betreiben einer Straußwirtschaft gesehen werden dürfen.[149]

Über die Entwicklung einzelner Straußwirtschaften und die tatsächliche Betriebspraxis geben die Akten insgesamt wenig Auskunft. Kreutz benennt, dass es 1930 „noch“ 14[150] solcher Gastronomiebetriebe gegeben habe, während ein im GA ZW erhaltenes Dokument für die Saison 1930/31 gar 17 dieser Häuser mitsamt ihrer Betreibenden auflistet.[151] Unabhängig von der konkreten Zahlen zeigt sich, dass trotz der primitiv erscheinenden Werbemaßnahmen durch „Sträuße“ oder „Büschel“ und des Verkaufs von lokal produzierten Lebensmitteln eine rechtliche und wirtschaftliche Organisationsstruktur der Straußwirtschaften vorlag, wenn diese auch nicht so reguliert und mit Konzessionsauflagen verbunden gewesen sein musste, wie etwa bei in Vollzeit betriebenen Gaststätten im Ort.

Die Gastwirtschaften als gesellschaftliche Institution

Ein Grund für das Aufkommen – und nicht etwa die Abnahme, wie Kreutz es benennt – von Straußwirtschaften zu Beginn des 20. Jahrhunderts könnte der zurückgehende Betrieb von regulären gastronomischen Angeboten innerhalb des Ortes gewesen sein. Mindestens sieben „(Real)Gastwirtschaften“ existierten um die Jahrhundertwende noch im Ort. Von fünf Gasthäusern – „Zur Laube“, „Zur Sonne“, „Zur Krone“, dem „Bad“ und der „Schankwirtschaft von Jakob Erhardt und Georg Busam“ – reichen die Akten allerdings nur bis zu den ersten Jahren des 20. Jahrhunderts.[152] Die Unterlagen des GA ZW geben keine weitere Auskunft über sie, möglicherweise auch, weil sie geschlossen wurden.

Die Schließung mindestens einer Gaststätte, dem „Bad“, lässt sich anhand einer im StAF vorhandenen Akte nachvollziehen. In dieser wird benannt, dass das Gebäude der Gemeinde 1920 zum Kauf angeboten, erworben und 1922 dann von Hauptlehrer Schäffner – der, wie geschildert, ab 1923 Geschäftsführer der dann gegründeten WG wurde – mitsamt Schülern hergerichtet wurde, um das ebenfalls in der Weinwirtschaft geläufige „Propfen“ sowie für Obstbäume das „Okulieren“[153] und die Baumpflege lehren zu können.[154]

Reproduktion einer undatierten Postkarte mit dem noch heute existierenden Gasthaus „Ehrhardts" (GA ZW)

Nur zu zwei weiteren im Ort ansässigen Gaststätten („Zum Riedle" und „Café Waldlust") existieren im GA ZW Akten, die einen Betrieb in den 1920er respektive 1930er Jahren belegen. Sie enthalten meistens bürokratische Unterlagen, die die Räumlichkeiten beschreiben, Auflagen zum Betrieb der Wirtschaften anzeigen und den Wechsel der jeweiligen Besitzer und Betreiber benennen.[155] Für die Untersuchung der dörflichen Lebenswelten vor dem Nationalsozialismus sind diese weniger relevant.

Der Nährboden für das NS-Regime ist bereitet

Das Ergebnis der erfolgreich überwundenen wirtschaftlichen Krise war laut Corni und Frizzera die „Förderung, Mechanisierung [und] Rationalisierung"[156] der deutschen Landwirtschaft. Für Zell-Weierbach zeigt sich dies an den Vorteilen, die die Weinbautreibenden als zusammengeschlossene Genossen erfuhren. Wenn auch die Armut nicht in allen Fällen aufgefangen werden konnte, ergaben sich neue Verdienstmöglichkeiten in Form des gastronomischen Vertriebs ihrer Produkte.Es gab hauptberuflich geführte Gastronomiebetriebe, die dem Lebensunterhalt der jeweiligen Inhabenden und Betreibenden in Zell-Weierbach dienten. Straußwirtschaften hingegen boten den Weinbaubetreibenden eine neue Möglichkeit, ihre aus eigener Landwirtschaft stammenden Erzeugnisse zu verkaufen. Die sinkende Zahl der großen Gaststätten ging einher mit einer Zunahme privat und kurzzeitig geführter Straußwirtschaften. Dieser neue Absatzmarkt stellte besonders während der Wintermonate einen sicherlich willkommenen Nebenverdienst der Rebschaffenden dar, vor allem vor dem Hintergrund der weiter zunehmenden Zahl an „Arbeiterbauern" – also Nebenerwerbslandwirte – in der dörflichen Gesellschaft.

Wurzeln und Auswüchse des Nationalsozialismus im Weindorf

Bereits bei ihrer Gründung in München 1920 setzte sich die NSDAP in ihrem 25-Punkte-Programm mit der Agrarpolitik auseinander, indem sie auf eine Bodenreform abzielte.[157]

Spätestens als die Partei Hitlers an der Macht war, verfolgte sie Richard Walther Darrés rassistisch geprägte „Blut und Boden"-Ideologie[158] und mit dem RNS wurde die nationalsozialistische Denkweise unter dem Führerprinzip auch für landwirtschaftlich geprägte Regionen gesellschaftsfähig.[159] „The Nazi-Fascist New Order for European Culture" bezeichnet Benjamin G. Martin insbesondere das völkische Element der NS-Ideologie, die den Wein als Volksgetränk über Grenzen und ‚Rassen' hinweg thematisierte.[160]

So wie die Nationalsozialisten nach der Besetzung Frankreichs 1940 Wein aus dem Land ins Reich – und damit ihrer Anschauung nach dem Zentrum Europas – liefern ließen[161], so wurde der deutsche Weinbau durch die bereits existierenden oder neu gegründeten Institute zentralisiert überwacht.[162]

Dass Anweisungen des Badischen Weinbauinstituts, etwa zur Schädlingsbekämpfung, schon vorher an die Städte[163] und Dörfer ergingen, lässt die Frage offen, welche Veränderungen und Kontinuitäten der Nationalsozialismus für die landwirtschaftlich-dörfliche Bevölkerung Zell-Weierbachs auferlegte respektive begünstigte. Hieraus stellt sich die Frage nach der Indoktrination des Wein(bau)s durch den NS.

Dieses Schild des Reichsnährstandes war am Haus des Ortsbauernführers Wilhelm Busam befestigt. Es war in einer Scheune unter Stroh versteckt, wo es das Kriegsende überdauerte und entsprechend des Aufdrucks „Pyro Email" Auskunft gibt, dass es aus der Emailleherstellung von Boos & Hahn in Ortenberg stammt (Privatbesitz Hanni Busam)

„Ortsbereisungen" – Einblicke in die Nöte der Landwirte

Ortsbereisungen waren seit mindestens dem 19. Jahrhundert ein in Baden gängiges Mittel der Bezirksämter, um die Zustände, Probleme und Entwicklungen einzelner Ortschaften in „Tagebüchern"[164] zu dokumentieren. Sie fanden in unregelmäßigen Abständen statt und die heute nach Ortschaften gebündelten Akten im StAF geben Einblicke in die Lebenswelten der damaligen Bevölkerung.

Das Tagebuch der Ortsbereisung Zell-Weierbachs vom 30. November 1935 fasst die Situation der dörflichen Landbevölkerung folgendermaßen zusammen: „Die Einwohnerzahl betrug nach der letzten Volkszählung 1825, während sie sich jetzt durch Zuzug auf 1900 vermehr hat. [...] Die Erwerbstätigkeit der Bevölkerung besteht in Landwirtschaft, insbesondere Weinbau und Beschäftigung in der Industrie."[165] Dies beschreibt das bereits angeführte Phänomen der Arbeiterbauernschaft, wobei das Protokoll der Ortsbereisung nicht konkret darauf benennt, wie viele Erwerbstätige ganz oder teilweise in welchen Berufszweigen arbeiteten.

Über durchschnittlich zwei Hektar Besitz verfügten die 411 landwirtschaftlichen Betriebe in Zell-Weierbach, wobei 270 der Betriebe unter einem Hektar groß gewesen seien.[166] Damit wird ersichtlich, dass ein Drittel der Betriebe mehr als ein Hektar bewirtschaften konnte. In Baden schwankte der durchschnittliche Ertrag von Getreide pro Hektar in den Jahren 1926 bis 1935 zwischen rund 1100 und 2100 Kilogramm – je nach Getreidesorte und Jahrgang.[167]

Zum Vergleich: In diesem Zeitraum betrug der jährliche pro-Kopf-Konsum von Weizen- und Roggenmehlprodukten rund 45 bis 55 Kilogramm.[168] Mit einem Hektar Getreidefeld ließe sich demnach eine mehrköpfige Familie unter Idealumständen problemlos ernähren. Die Herbstberichte und verschiedenen Zeitzeug:innenaussagen betonen jedoch die in Zell-Weierbach betriebene Mischkultur in der Landwirtschaft[169], weswegen davon ausgegangen werden muss, dass nicht alle Landwirtschaftstreibenden von ihren Erzeugnissen leben konnten – erst recht nicht, wenn sie nur wenige oder kleine Felder besaßen und zudem Tiere ernähren mussten.

In Bezug auf die landwirtschaftliche Nutzung ist festzuhalten: „Jeder Landwirt hat etwas Reben."[170] In einem „Hybridenkataster einzelner Gemeinden" von 1933 respektive 1934 im StAF finden sich detaillierte Auflistungen der einzelnen in Zell-Weierbach besessenen Rebflächen. Betrachtet man hierin die einzelnen Mappen für die drei Rebgemeinden bei Offenburg, so werden einerseits die unterschiedlichen Zahlen der vorhandenen Parzellen ersichtlich; andererseits zeigt sich anhand der Wohnorte der einzelnen Besitzenden, dass viele Menschen auch außerhalb ihres Wohnortes über Reben verfügten.[171] Diesen Eindruck bestätigen verschiedene Zeitzeug:innen, wenn sie sich an die langen Anreisen mit Fuhrwagen oder zu Fuß zu den mehrere Kilometer entfernten Besitzungen erinnern.[172] Die Bewirtschaftung all dieser Rebstücke nahm sehr viel Arbeitszeit und -kraft in Anspruch.

Die Weinberge Offenburgs bei Fessenbach (StA OG „09/282-6“; Urheberrecht: Hermann Schlosser)

Gerade vor dem Hintergrund der wirtschaftlichen Notsituation der ärmeren Bevölkerung könnte dies als Ermüdungserscheinung oder ‚Überforderung‘ gedeutet werden: Viel Besitz von Reben lässt sich nicht zwingend mit finanziellem Reichtum aufgrund hoher Ertragszahlen gleichsetzen. Eher bedeutete die Verantwortung, viele einzelne, oft weit auseinander liegende, Stücke zu bewirtschaften, viel Arbeit und brachte viele Ausgaben etwa in Form von Spritzmitteln und Viehfutter mit sich.

Wie die Geschichte der deutschen Agrarpolitik des 20. Jahrhunderts aufzeigt, waren Kosten und daraus resultierende Verschuldungen in der prekären Zeit der Weimarer Republik Protestgründe gegen das politische System, gerade im ländlichen Bereich.[173] Zu betonen ist, dass trotz dem Vorhandensein antidemokratischer und paramilitärischer Strukturen und Vereine in der Region[174] mit den Reichstagswahlen 1933 das nationalsozialistische Regime in Zell-Weierbach noch nicht etabliert werden konnte; dies geschah erst durch den Befehl des Oberbürgermeisters von Offenburg 1936, als dieser den Bürgermeister in Zell-Weierbach einsetzte.[175]

Die schwierige Situation der Landwirtschaft stellte einen der Aspekte dar, die zur Unzufriedenheit der dörflichen Gesellschaft Zell-Weierbachs beitrugen: Die Nachwirkungen des Ersten Weltkrieges waren kräftezehrend, dennoch konnten die republikanischen Strukturen aufrechterhalten werden. Eine immer größere Abkehr von den Traditionen der Landbevölkerung zeigte sich allerdings schon in deren Berufswahl. Für den alltäglichen Lebensunterhalt nahmen Menschen nicht mehr die teils mehrere Kilometer langen Wege in die Rebberge auf sich, sondern sie suchten in den Fabriken der nahegelegenen Stadt Arbeit.

Das Erstarken des Nationalsozialismus

Die Analyse der dörflich-landwirtschaftlichen Gesellschaft bis in die späten 1920er Jahre hinein hat verdeutlicht, dass Landwirtschaft Betreibende – von denen die meisten in Zell-Weierbach auch Weinbau betrieben – berechtigte politische Interessen hatten. Von der Forschung wird die Frage nach dem Verhältnis der landwirtschaftlich geprägten Bevölkerung zur NSDAP unterschiedlich bewertet.

Ihre Frage nach der „‚Volksgemeinschaft' im Weinglas?" beantwortet Pia Nordblom dahingehend, dass sich „viele Winzer früh dem Nationalsozialismus angenähert" hätten und „unbestrittener Teil der Volksgemeinschaft" geworden wären.[176] Die Autorin untersuchte die Region Rheinhessen, betont aber, dass die dortigen „Interessenslagen der Weinwirtschaft [...] sich nicht wesentlich von denen anderer weinerzeugender Regionen" unterschieden hätten.[177] Ulrich Schlie bestätigt dies, indem er die „Bauernschaft [...] als Stütze der nationalsozialistischen Führung"[178] bezeichnet und damit auf die faschistischen Strukturen des RNS Bezug nimmt.

Dahingegen spricht Caroline Wagner in ihrer Untersuchung der NSDAP auf dem ostwestfälischen Dorf von einer „spezifische[n] Form von bäuerlicher Resistenz gegenüber der Partei"[179] und zeigt ein grundsätzliches Desinteresse von Landwirtschaft Betreibenden an politischem Geschehen sowie finanzielle Zurückhaltung bei Parteispenden auf.[180] Bernd Holtwick stellt in diesem Kontext die Frage, wo sich südwestdeutsche Landwirtschaft Betreibende im Spannungsfeld zwischen ideologischem und wirtschaftlichem Anspruch des NS-Systems, zwischen Bauernkult und Leistungssteigerung, befanden. Er fasst schließlich zusammen, dass das Stigma der Landwirtschaft Betreibenden seit den 1930er Jahren „eine gewisse Aversion gegen die modernen Zeiten" gewesen sei.[181]

Auf Grundlage dieser diversen Forschungsmeinungen über die landwirtschaftlich-dörfliche Gesellschaft soll die Bevölkerung Zell-Weierbachs und ihr Wein(bau) dahingehend untersucht werden, wie ihr Verhältnis zum NS war und welche spezifischen Veränderungen es gab.[182]

Der Einfluss der Konfession auf die Politik[183]

Die 1918 aus dem Großherzogtum heraus gegründete Republik Baden war weder konfessionell noch wirtschaftlich homogen. Muster in Bezug auf das NSDAP-Wahlverhalten lassen sich überschaubar nachzeichnen und bieten die Grundlage für die Analyse Zell-Weierbachs auf der Mikroebene.

Häufig wird argumentiert, dass sich der NS in den 1920er Jahren vor allem dort festigte, wo die evangelische Konfession vorherrschte.[184] Doch selbst in badischen katholischen Gemeinden gewann die NSDAP dort, wo eine entsprechende Ortsgruppe bestand, bereits bei der Reichstagswahl (RTW) 1928 überdurchschnittlich viele Stimmen.[185] Rinderle und Norling bestätigen anhand eines Ortenauer Beispiels, dass insbesondere in evangelischen Ortschaften früh nationalsozialistisch gewählt wurde, aber ebenso ein nicht unerheblicher Prozentsatz der katholischen und konfessionell gemischten Ortschaften vor 1933 Anhänger des NS waren.[186]

Eine Tendenz im Großherzogtum Baden des ausgehenden 19. Jahrhundert war, dass vor allem die katholische Bevölkerung in die Städte zog, wo sich Fabriken und Konzerne befanden.[187] Die badischen Dörfer, die vor allem über landwirtschaftliche Produktionszweige verfügten, waren vielfach noch immer katholisch geprägt[188], so auch im Fallbeispiel Zell-Weierbach. Wie konnte sich die NSDAP dort etablieren, welche Wahlargumente gab es für die Dorfgesellschaft und welche Einflüsse nahm diese Entwicklung auf den Weinbau?

Die Reichstagswahlen im Rebland zu Beginn der 1930er Jahre

In nur einer der Rebgemeinden um Offenburg erhielt die NSDAP bei den RTW von 1930 bis 1932 prozentual weniger Stimmen als in Zell-Weierbach, wo sie 13,6 Prozent (1930), 23,5 Prozent (1932, 1. Wahl) und 19,2 Prozent (1932, 2. Wahl) erzielte und damit zwischen einem Sechstel und gut einem Fünftel der Stimmen. Die absolute Mehrheit im Rebland erhielt ausnahmslos immer die katholisch-geprägte Zentrumspartei.[189] Der hohe Anteil an Zentrumsstimmen lässt sich für Zell-Weierbach mit der konfessionellen Ausrichtung erklären.[190]

Es ist auffallend, dass trotz einer steigenden Anzahl abgegebener Stimmen zur RTW die Anzahl der gültigen Stimmen verhältnismäßig sank: Von 1132 (1930) über 1162 (1932; 1) und 1208 (1932; 2) abgegebenen Stimmen waren nur 726 (1930), respektive 669 (1932) und letztendlich nur noch 583 bei der zweiten Wahl im Jahr 1932 gültig. Ihre höchste Stimmenanzahl erzielte die NSDAP in Zell-Weierbach bei der ersten Wahl 1932 mit 152 erhaltenen gültigen Stimmen, wohingegen sie bei den anderen beiden Wahlen nur ähnlich viele Stimmen wie die KPD erhielt.[191] Es wird nicht ersichtlich, weshalb die Stimmen ungültig waren – ob die Zettel leer, mit zu vielen Kreuzen oder nicht wählbaren Parteien oder Kandidierenden abgegeben wurden. Argumentieren ließe sich wiederum mit der These Wagners der politisch wenig interessierten ländlichen Bevölkerung. Die Entwicklung ließe sich auch mit einem Gefühl der Resignation aufgrund der sich häufenden Wahlen begründen.[192]

Ort	Wahljahr*	Stimmenzahl abs.	gültig	Wahlbeteilig. in %	Zentrum abs.	%	SPD abs.	%	KPD abs.	%	DNVP abs.	%	NSDAP abs.	%	Volkrechtspartei abs.	%	R.partei d. dt. M.stands abs.	%
Fessenbach	I.	379	291	47,6	170	58,4	22	7,5	15	5,1	7	2,4	44	15,1	7	2,4	20	6,9
	II.	428	273	63,8	159	58,2	7	2,6	20	7,3	2	0,7	81	29,7	–	–	–	–
	III.	409	235	57,5	133	56,6	6	2,6	18	8,0	–	–	74	31,5	–	–	–	–
Ortenberg	I.	1062	811	78,5	486	59,9	136	16,8	25	3,1	7	0,9	95	11,7	1	0.1	29	3,6
	II.	1093	771	70,5	488	63,3	63	8,2	44	5,7	4	0,5	159	20,6	–	–	1	0.1
	III.	1085	717	66,1	471	65,7	61	8,5	53	7,4	8	1,1	120	16,7	–	–	–	–
Rammersweier	I.	702	462	67,5	246	53,2	22	4,8	61	13,2	12	2,6	69	14,9	4	0,9	31	6,7
	II.	704	436	61,9	249	57.1	17	3.9	41	9,4	6	1,4	115	26,4	–	–	2	0,5
	III.	724	453	62.6	252	55.6	17	3.8	58	12,8	6	1,3	106	23,4	–	–	–	–
Zell-Weierbach	I.	1132	726	64,8	437	60,2	35	4,8	84	11,6	26	3,6	99	13,6	3	0.4	20	2,8
	II.	1162	669	57,6	375	56.1	20	3.0	92	9,2	7	1.0	152	23.5	–	–	2	0,3
	III.	1208	583	48,3	327	56,1	18	3,0	104	17,8	8	1,4	112	19,2	–	–	–	–
Amtsbezirk Offenburg	I.			75,2		42,6		11,8		6,7		2,5		20,6		3,1		4,9
	II.			72,4		41,1		8,3		8,7		2,8		34,7		–		0,8
	III.			68,1		40,0		7,5		11,7		2,4		32,9		–		0,6
Baden	I.			75,9		29,9		17,9		9,6		2,8		19,2		1,0		
	II.			79,3		29,1		13,6		11,2		3,0		36,9		–		
	III.			74,4		27,8		13,0		14,3		4,0		34,1		–		

* I. =Rtw 1930
II.=Rtw 1932^{1}
III.=Rtw 1932^{2}

Ergebnisse der Reichstagswahlen von 1930 bis 1932 in und um Offenburg (Gall: Dörfliche Lebenswelt, S. 107)

Für Zell-Weierbachs Nachbarort Rammersweier erklärt Gall die dortige ähnliche Entwicklung der Wahlergebnisse mit einer „Zurückdrängung bäuerlicher Lebensformen" der „vorkapitalistisch geprägten Lebenswelt".[193] Dies lässt sich durch den dargelegten immer größeren Bezug der Bevölkerung zur Stadt erklären. Es „artikulierte sich eine gesellschaftliche Kritik, die auch an dem traditionellen politischen Träger der Zentrumspartei nicht mehr Halt machte".[194] Hieran konnte die NSDAP auf dem Land anknüpfen: Gall spricht von einer „Verschärfung der sozialen Lage" und einem „allgemeinen Vertrauensverlust bäuerlicher Wähler gegenüber Staat und Gesellschaft."[195]

Dennoch konnte die NSDAP in keiner der Offenburger Reblandgemeinden eine absolute Mehrheit erzielen, wenn auch die Partei spätestens zum Beginn der 1930er Jahre dort gesellschaftsfähig war.

Die NSDAP in Zell-Weierbach

Entstehung und Entwicklung der Ortsgruppe

Zur Gründung der Ortsgruppe in Zell-Weierbach selbst sind keine Unterlagen erhalten. Ein Anhaltspunkt in den Quellen bietet der unwesentlich kleinere, ähnlich strukturierte und ebenfalls landwirtschaftlich geprägte Nachbarort Fessenbach. Dort war der Landwirt Richard Leitermann als erster Fessenbacher 1932 in die dortige NSDAP eingetreten, wie er gegenüber der Spruchkammer 1948 angab.

Gründe für seinen Eintritt seien wirtschaftliche Missstände infolge der Weltwirtschaftskrise gewesen. Von Offenburg aus sei Fessenbach erst 1934 „eine selbständige Zelle [geworden] und ich als Leiter derselben bestimmt".[196] Dass Leitermann angab, als Leiter „bestimmt" worden zu sein, bestärkt die These der Abhängigkeit dörflicher NSDAP-Ortsgruppen von der in der Stadt Offenburg. Für den ersten Zell-Weierbacher NSDAP-Bürgermeister, den Landwirt Josef Broß, war der Akt des Amtsantritts ähnlich von Offenburg aus gelenkt.[197] Außerdem erwähnt Leitermann, dass die NSDAP in Fessenbach „zuerst zur Ortsgruppe Offenburg und vorübergehend zu Zell-Weierbach gehört hatte".[198] In einem Schreiben des lokalen „Gendarmerie Kommissars" an den Offenburger Staatsanwalt vom 10. Juli 1935 wird der Zell-Weierbacher Ratsschreiber Josef Hauser als damaliger lokaler Ortsgruppenleiter bezeichnet.

Hauser wurde am 27. August 1904 in Zell-Weierbach geboren und 1930 Kaufmann[199], bis er im selben Jahr zum Ratsschreiber ernannt wurde.[200] Das Amt des Zell-Weierbacher Ortsgruppenleiters wurde 1936 auf Josef Broß,

Josef Broß (GLA KA 465d 201)

den ersten nationalsozialistischen Bürgermeister übertragen[201]; Hauser tritt als überzeugter NS-Anhänger im weiteren Zeitverlauf hervor, da er mehrfach dem NS kritisch gegenüber Eingestellte anzeigte.

Leitermann stand als Angeklagter vor der Spruchkammer, daher lassen sich seine Aussagen als beschönigend gefärbt und selbstschützend interpretieren, weswegen sie kritisch betrachtet werden müssen. Dennoch geben seine Zeugnisse Auskunft darüber, dass vereinzelte NSDAP-Mitglieder seit den frühen 1930er Jahren im Rebland lebten, dort Landwirtschaft betrieben und dass möglicherweise bereits vor 1934 die NSDAP-Ortsgruppe Zell-Weierbach existierte.[202]

Es wird offensichtlich, dass sich Teile der Bevölkerung im Dorf immer weiter von den gesellschaftlichen und landwirtschaftlichen Traditionen entfremdeten zugunsten einer Hinwendung zum Nationalsozialismus, der aus der Stadt heraus Einfluss auf die Umlandgemeinden nahm. Ein Beispiel dafür ist die Umbenennung des Dorfplatzes in „Hitlerplatz“ 1933.[203] Dort fanden zu bestimmten Anlässen und Feierlichkeiten, wie etwa dem Geburtstag Adolf Hitlers am 20. April, Aufmärsche und Veranstaltungen im Ort statt.[204]

Obwohl keine Gründungsdaten der NSDAP-Ortsgruppe in Zell-Weierbach bekannt sind, lässt sich die Entwicklung ihrer Mitgliederzahlen anhand im GA ZW erhaltener Dokumente nachvollziehen. Dort lagern zu 601 Seiten gebundene Vernehmungsprotokolle respektive Fragebögen der französischen Besatzungsmacht zu einzelnen männlichen Personen, die darin Angaben zu ihrer Biografie sowie NSDAP- und Militär-Zugehörigkeit machten – ganz ähnlich wie in den Spruchkammerakten. Die älteste in diesen Protokollen befragte Person wurde 1880 geboren, die jüngste 1930.[205]

Im Hinblick auf die Erstellung der Bögen in den unmittelbaren Nachkriegsjahren ergibt sich somit eine Altersspanne zwischen 15 und 65 Jahren. Insgesamt gaben 53 Personen an, Mitglied der NSDAP gewesen zu sein, was rund zehn Prozent der Befragten entspricht und einen ähnlichen Querschnitt wie in der gesamten reichsdeutschen Gesellschaft darstellte.[206] Die Betrachtung der Berufssparte der Landwirte – in diesem Fall insbesondere der Weinbauern – lässt anschließend Rückschlüsse auf ihre Gesinnung gegenüber der NSDAP zu; zumindest der nach Ende des Zweiten Weltkrieges geschaffenen Quellenlage nach.

Eine undatierte Aufnahme des Dorfplatzes mit einem Schild „Adolf Hitler Platz", unterhalb welchem eine Hakenkreuzfahne erkennbar ist (GA ZW)

Gibt es Nationalsozialistischen Wein?

Die Frage nach der nationalsozialistischen Konnotation von Wein – insbesondere von Zell-Weierbacher Wein – scheint ohne Kontext zunächst unkonventionell. Wie bereits erörtert wurde, war der Weinbau aber an sich keine unpolitische Angelegenheit und wurde beeinflusst von den äußeren gesellschaftlichen Umständen und Entwicklungen. Zum Ausdruck kam dies im Südwesten des Reiches durch den seit 1926 in der Pfalz amtierenden Gauleiter Josef Bürckel, der den Weintourismus entlang der Weinstraße Mitte der 1930er Jahre massentauglich machte und nationalsozialistisch indoktrinierte.[207]

Spätestens mit der 1941 erschienenen Schrift „Die wirtschaftliche Bedeutung des Rebschutzes in Deutschland" der „Biologischen Reichsanstalt für Land- und Forstwirtschaft" bekam der Weinbau die Sprache des Nationalsozialismus auferlegt: Mit Begriffen wie „Feind" respektive „Großfeind", „Bekämpfung", „Verderber" oder „vernichtet"[208] fanden militante Begriffe Einzug in den Weinbau, die der deutschen Bevölkerung so oder ähnlich aus Hitlers „Mein Kampf" vertraut waren.[209]

Die angerissenen Beispiele behandeln vor allem den Weinbau in der Pfalz und Hessen; für Zell-Weierbach sind keine vergleichbaren Dokumente oder Vorhaben bekannt. Mit Ulrich Herberts Frage, wer „die Nationalsozialisten"[210] waren, muss – wenn nach der NS-ideologischen Indoktrination der Zell-Weierbacher Weinbaubetreibenden gefragt wird – auf die im GA ZW vorhandenen Verhörprotokolle der französischen Besatzungsmacht zurückgegriffen werden. Dabei stehen nicht die Personen im Fokus, die Ämter in der WG innehatten – die Quellenlage zu diesen Männern ist wenig ergiebig.[211] Vielmehr soll gezeigt werden, in welchem Verhältnis die Landwirtschaft betreibende Bevölkerung des Dorfes zum Nationalsozialismus und dem aus seiner Ideologie entsprungenen Zweiten Weltkrieg standen.[212]

137 Männer gaben in den Fragebögen an, hauptberuflich Landwirt oder in der Landwirtschaft angestellt zu sein, lediglich sechs von ihnen gaben an, NSDAP-Mitglieder gewesen zu sein. Das zuerst eingetretene Mitglied hiervon war der 1896 geborene und 1935 eingetretene zweite NSDAP-Bürgermeister Friedrich Braun, das jüngste dieser sechs Mitglieder war Philipp Basler, Jahrgang 1922, der nach Angaben des Verhörbogens 1939 in der HJ und seit demselben Jahr auch in der Partei sowie dem Nationalsozialistischen Fliegerkorps (NSFK) war, bevor er 1941 am Kriegsgeschehen teilnahm.[213]

Die geringe Zahl der Landwirte, die ihre Mitgliedschaft in der NSDAP nach 1945 zugaben, lässt sich als Ablehnung des NS durch die in der Landwirtschaft Tätigen deuten; sie zeichnet aber zumindest das Muster von der bei Wagner beschriebenen konservativen, politisch desinteressierten Dorfbevölkerung nach. Auffallend ist, dass beide NSDAP-Bürgermeister des Ortes hauptberuflich Landwirte waren. Es lässt sich nur spekulieren, weshalb gerade sie als zwei von wenigen NS-nahen Landwirtschaftstreibenden eine politische Karriere verfolgten. Deuten ließe sich dies als Versuch, der als ‚rückständig-bäuerlich' angesehenen Gesellschaftsschicht zu entfliehen, ohne dabei die dörfliche Heimat zugunsten der städtischen Lebenswelt zu verlassen. Anders gesagt, zeigt sich hier möglicherweise ein ortsgebundenes ‚Blut-und-Boden'-ähnliches Denken, das darauf abzielte, hierarchische Strukturen im Dorf zu eigenen Gunsten zu etablieren.

Die wenigen – nach dem Krieg – angegebenen NSDAP-Parteimitgliedschaften zeigen, dass der allergrößte Teil der Landwirte distanziert der NSDAP gegenüber eingestellt war, zumindest von ihrer parteipolitischen

Unscheinbar und doch wertvoll: Die gebundenen rund 600 Fragebögen im GA ZW (GA ZW IX. „Vernehmungsprotokoll der französischen Besatzungsmacht Ortskommandantur Zell-Weierbach (o. D.)")

Struktur her.[214] Konkrete Gründe hierfür lassen sich nicht aus den zeitgenössischen Dokumenten direkt ablesen. Vor dem Hintergrund der konfessionellen Prägung des Ortes sowie der lange währenden Armut in der Region kann der Nicht-Eintritt in die NSDAP sowohl ideologisch wie auch finanziell bedingt begründet werden, wie Wagner für das Beispiel der Landwirtschaft Betreibenden aufzeigt, die keinen Mitgliedsbeitrag an die Partei zahlen konnten oder wollten.[215]

Besitz und Enteignungen in der Landwirtschaft

Mitte der 1930er Jahre war die lokale Ortsgruppe organisatorisch und strukturell im Ort angekommen und nutzte Flächen und Grundstücke des Dorfes für sich, wie Herbert Näger berichtet:

> *[W]ährend dem Krieg war, wie wahrscheinlich in jedem Dorf, ein kleiner Stützpunkt [...] vom einheimischen Militär und [...] wir waren in der Grenzlinie, also gab es bei uns auch eine Kompagnie, Versorgungskompagnie in Zell-Weierbach und der Lageplatz war im Sonnengarten. Zell-Weierbach, Sonne [...] Und da waren zwei, drei schöne Rosskastanienbäume und da drunter waren Benzinkanister gelagert, da unten. Was auch das Militär so braucht. Reifen, Fahrzeuge und pipapo.*[216]

Hinweise aus den Akten der verschiedenen Archive geben wenig Auskunft über die Struktur der NSDAP im Ort, es wird aber ersichtlich, dass die Partei nicht nur als politische Gruppierung dort Fuß fasste, sondern auch institutionell, und das seit mindestens 1935, wie die Ernennung Josef Broß' zum „Stützpunktleiter" beweist.[217] Das Gasthaus „Zur Sonne" als Ort, an dem Verbrauchsgüter gelagert waren, zeigt wiederum, dass für die Versorgung des Militärs in der dörflichen Infrastruktur die ‚Angebote' der Gastronomie genutzt wurden – und das nicht nur von deutschen Soldaten, sondern nach dem Krieg ebenso von den französischen Besatzern.

In den Unterlagen des GA ZW zu „Politische[n] Angelegenheiten" findet sich zur Auflösung der NSDAP ein Schriftwechsel von 1950, demnach sich unter der Lagebuchnummer 8397 ein Wiesengrundstück im Besitz der NSDAP-Ortsgruppe befand.[218] Aus den Akten geht nicht hervor, ob dies die einzige Besitzung der Partei im Ort war und ob das Grundstück parteiideologisch genutzt wurde.[219] Aufgrund der Lage an einem Berg wäre eine landwirtschaftliche Nutzung nur im Rahmen des Wein- oder Waldbaus möglich gewesen, wobei die Klassifizierung als „Wiesengrundstück" vermuten lässt, dass das Stück bis 1950 landwirtschaftlich gar nicht genutzt wurde. Es sollte nach dem Krieg „zu Gunsten des Restitutionsfonds zur Entschädigung der Naziverfolgung verkauft werden". Wann dies tatsächlich geschehen ist, geht aus dem weiteren Schriftverkehr nicht hervor.[220] Immerhin ist offenbar eine potentielle ideologische „Verflechtung" des Grundstücks mit dem NS im Rahmen der Wiedergutmachung bereits geschehen, wenn auch erst fünf Jahre nach dem Ende des Zweiten Weltkrieges.

Belegbar ist weiterhin, dass in Zell-Weierbach Enteignungen stattgefunden haben. So besaß eine in Hessen lebende jüdische Familie im Ort ein Grundstück mit Weinberg, das im Rahmen des „Reichsbürgergesetzes" 1941 enteignet wurde.[221] Es hatte die Lagebuchnummer 3740 und befand sich am Weinberg „Bittigrain", war 1,99 Ar groß und war seit dem 14. Februar 1906 im Besitz der Familie Oppenheimer, bevor es von der Gestapo-Darmstadt enteignet wurde.[222] Isidor Oppenheimer war Kaufmann in Darmstadt und wanderte 1940 nach Buenos Aires aus, wo er 1942 verstarb, weswegen seine Nachfahren das Restitutionsverfahren aufnahmen.[223]

Dieses Restitutionsverfahren zur Aufarbeitung und Wiedergutmachung der nationalsozialistischen Enteignungen und weiterer Verbrechen gibt Auskunft darüber, dass zumindest Besitzungen vorhanden waren – obwohl dies nur ein einzelnes, verhältnismäßig kleines Grundstück war. Es ist jedoch ein Hinweis auf Beziehungen der jüdischen Bevölkerung zum Dorf über den Handel hinaus. Aus den zur Verfügung stehenden Unterlagen lässt sich allerdings nicht nachvollziehen, in welchem Verhältnis die jüdische Familie Oppenheimer zu Zell-Weierbach stand, so bleiben verschiedene Fragen unbeantwortet: Ob die Familie einmal im Ort ansässig war und ob sie gegebenenfalls damit jüdischen Glauben in die katholisch geprägte Ortschaft gebracht hatte? Bezeichnend ist aber, dass dieser in den Akten nachweisbare Berührungspunkt jüdischen Lebens mit der Ortschaft Zell-Weierbach der Weinbau ist, und dass das nationalsozialistische Regime das Verbrechen der Enteignung zu eigenen Zwecken nutzte.[224]

SS-Obersturmführer Franz Leier – Schlachthofleiter, Säufer, Schläger

Der ehemals von einer jüdischen, aus Hessen stammenden Familie besessene Weinberg und die Enteignung dieses stellt lediglich eine von vielen Opfergeschichten aus der Zeit des NS dar. Es lässt sich ein ebenso markantes Beispiel der Täterseite festmachen, das Bezug zum Alkohol und Zell-Weierbach hatte – wenn auch die Person erst nach 1945 im Ort lebte. Aufschlüsse hierüber geben zahlreiche Quellen, die heute in verschiedenen Archiven lagern. So existiert im GA ZW eine Liste aus der Nachkriegszeit über die Angehörigen der SS, die im Ort lebten. Neben den dort genannten

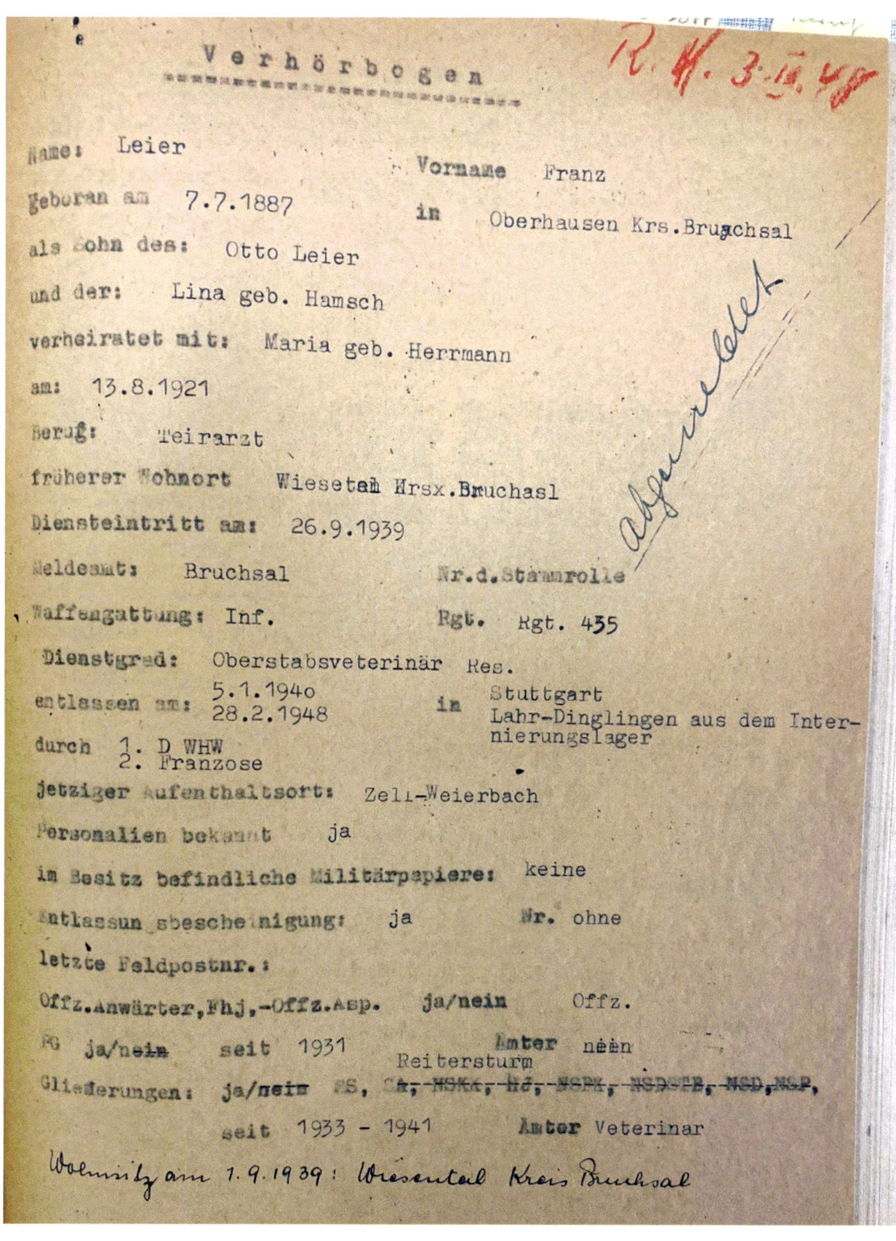

Verhörbogen

Name: Leier Vorname Franz

Geboren am 7.7.1887 in Oberhausen Krs.Bruchsal

als Sohn des: Otto Leier

und der: Lina geb. Hamsch

verheiratet mit: Maria geb. Herrmann

am: 13.8.1921

Beruf: Teirarzt

früherer Wohnort Wiesetal Krsx.Bruchasl

Diensteintritt am: 26.9.1939

Meldeamt: Bruchsal Nr.d.Stammrolle

Waffengattung: Inf. Rgt. Rgt. 435

Dienstgrad: Oberstabsveterinär Res.

entlassen am: 5.1.1940 in Stuttgart
28.2.1948 Lahr-Dinglingen aus dem Internierungslager

durch 1. D WHW
2. Franzose

jetziger Aufenthaltsort: Zell-Weierbach

Personalien bekannt ja

im Besitz befindliche Militärpapiere: keine

Entlassungsbescheinigung: ja Nr. ohne

letzte Feldpostnr.:

Offz.Anwärter,Fhj,-Offz.Asp. ja/nein Offz.

PG ja/nein seit 1931 Ämter nein

Gliederungen: ja/nein SS, ~~SA, NSKK, HJ, NSFK, NSDStB, NSD, NSF~~ Reitersturm

seit 1933 - 1941 Ämter Veterinar

Wohnsitz am 1.9.1939: Wiesental Kreis Bruchsal

Der Verhörbogen Franz Leiers im GA ZW (GA ZW IX. „Vernehmungsprotokoll der französischen Besatzungsmacht Ortskommandantur Zell-Weierbach (o. D.)“)

sieben Personen gaben drei weitere in den Verhörbögen der französischen Besatzungsmacht an, Mitglieder der SS gewesen zu sein.[225]

Einer dieser in Zell-Weierbach Ansässigen stellt ein Spezifikum im Vergleich zu den anderen dar: Der bereits 1887 geborene Franz Leier gibt in seinem in der Personalakte im StA OG erhaltenen Lebenslauf an, in Oberhausen geboren zu sein.[226] Seit 1910 studierte Leier an unterschiedlichen Standorten (Stuttgart, Berlin, Gießen) im Veterinärwesen, schloss das Studium im Sommersemester 1914 ab und trat unmittelbar danach als „Kriegsfreiwilliger in das 5. Bayr. Feld. Artl.Regt. Landau" ein, wodurch er als „Veterinar-Offizier"[227] im September 1914 an die Front kam, bis er im Dezember 1918 aus dem Heer entlassen wurde, nicht ohne vorher eine Vielzahl an militärischen Auszeichnungen erhalten zu haben.[228] Noch im Dezember 1918 begann er seine Arbeit als praktischer Tierarzt in Bruchsal, promovierte und schloss sich 1923 dem „Freikorps Damm" an, welchem er bis 1930 angehörte.[229]

1930 trat er dann in die NSDAP, Mitgliedsnummer 473773, ein, gründete die Ortsgruppe Wiesental mit und trat im Oktober 1933 in die SS ein, 1934 in den SS-Reitersturm, in welchem er das Amt eines Obersturmführers bekleidete.[230]

Über seinen beruflichen Werdegang kam er 1941 nach Offenburg, als er sich auf die freigewordene Stelle als Leiter des 1905/06 erbauten Schlachthofes erfolgreich bewarb.[231] Er zog in eine Wohnung in der Friedrichstraße 12, welche zuvor noch einer jüdischen Familie Hauser[232] gehörte, die im Rahmen der antisemitischen Verbrechen deportiert wurde und aus der min-

Bloßer Reitsport oder nationalsozialistische Betätigung im SS-Reitersturm? Franz Leier zu Pferd (Archives de l'Occupation française en Allemagne et en Autriche Paris „BADE 740 Dr. Leier, Franz")

destens Johanna Hauser 1944 umgebracht wurde.[233] Bis zum Ende des Zweiten Weltkrieges wohnte Leier in Offenburg selbst und zog nach 1945 nach Zell-Weierbach, wo er schon vorher häufiger zugegen war. So beschreibt ein Schriftstück aus Leiers Personalakte vom 19. September 1944 dessen Verhältnis zum Alkohol:

> *Schlachthofdirektor Dr. Leier [ist] schon wiederholt durch Alkoholexzesse aufgefallen. U. a. wird ein Vorfall in der „Laube" in Zell-Weierbach vor etwa 3/4 Jahren erwähnt, die Schlägerei mit einem Urlauber in der „Blume" in Rammersweier und ein Vorgang […] im „Meierhof" in Offenburg.*
>
> *Dr. Leier ist als Angestellter der Stadt Offenburg in- und ausserhalb seines Dienstbereichs zu einem Verhalten verpflichtet, das dem Ansehen der Stadt nicht abträglich ist.*[234]

Neben der militärischen Laufbahn ist der berufliche Werdegang von Franz Leier geprägt von den Umständen der Zeit: Als Studienabsolvent nahm er unmittelbar am Geschehen des Ersten Weltkrieges teil, überlebte diesen und schloss sich danach paramilitärischen Organisationen an, noch bevor das nationalsozialistische Regime im zentrumsnahen Baden wirklich etabliert werden konnte. Dies zeigt seine parteipolitische Entwicklung: Der Historiker Jürgen Falter zählt geschätzt die ersten zehn Prozent der rund zehn Millionen vergebenen Mitgliedsnummern zu den frühen Mitgliedern der NSDAP und damit zu den fanatischen Anhängern der NS-Ideologie, [235] Leier selbst gehörte sogar zu den ersten fünf Prozent.

Von sich selbst behauptet Leier 1948 in seinem Spruchkammerverfahren: „Ich kann wirklich von mir behaupten, dass ich vollkommen gutgläubig der NSDAP beigetreten bin." Der von ihm 1926 in Wiesental gegründete Reiterverein sei „im Jahr 1933 einfach der SS Reiterei angegliedert" worden, zudem verweist er auf angeblich gute Beziehung zu jüdischen Mitbürger:innen in seinem ehemaligen Tätigkeitsort Wiesental – lässt dabei aber aus, dass er in Offenburg Vorteile aus den antisemitischen Verbrechen während des NS zog.[236]

Er war nicht nur Mitglied und Nutznießer des NS-Regimes, er war zudem Täter. Auch wenn sich seine berufliche Position auf den städtischen Schlachthof bezog[237] und seine Personalakte keine Rückschlüsse auf NS-Verbrechen an seinem Arbeitsplatz zulässt, so wurde spätestens durch ihn die jüdische Familie Hauser aus ihrer Wohnung vertrieben. Der Nachfahre Jack Hauser konnte ein Restitutionsverfahren nach dem Zweiten Weltkrieg in die Wege leiten.

Leier war nicht nur Schreibtischtäter; er übte zusätzlich abseits der Front des Ersten Weltkrieges Gewalt aus, wie eine Notiz in seiner Personalakte benennt – ohne dass dies jedoch für ihn Konsequenzen gehabt hätte oder die einzelnen Taten näher bekannt sind. Er wurde mehrfach im Alkoholrausch handgreiflich und entsprach damit nicht dem Selbstbild des vorbildhaften NS- respektive SS-Angehörigen und städtischen Angestellten. Das Typische an seiner Biografie zeigt sich in der Art der Selbstdarstellung während und nach der Zeit des nationalsozialistischen Regimes; profilierte er sich bei seiner Bewerbung auf die Schlachthofstelle in Offenburg noch mit seiner politischen Laufbahn, zeichnete er gegenüber den französischen Gerichten nach 1945 das Bild eines vom Nationalsozialismus gebrannten Kindes.

Bezeichnend für das Schicksal Leiers ist – und hierin liegt die Relevanz für diese Untersuchung –, dass er diese negativen Aspekte seiner Persönlichkeit explizit in Zell-Weierbach zur Schau trug und im Ort nach 1945 ansässig wurde. Es lässt sich nicht feststellen, ob die Biografie Leiers einen Einfluss darauf hatte, wie ihn die dörfliche Gesellschaft auf- und wahrnahm. Es bleibt aber festzuhalten, dass in den Gaststätten, in denen Zell-Weierbacher Wein ausgeschenkt wurde, Leier nach übermäßigem Konsum des Getränks mit ziemlicher Sicherheit aufgefallen ist.

Exkurs: Mehr als Messwein – die Pfarrgemeinde Weingarten im Nationalsozialismus

Wie bereits angeführt, verfing die nationalsozialistische Politik auch außerhalb der städtischen Zentren in den katholisch geprägten Ortschaften. Anhand der Akten verschiedener Archive lassen sich einige Berührungspunkte der NSDAP und der katholischen Kirche in Zell-Weierbach finden. Dabei ist hervorzuheben, dass trotz der entstandenen Konflikte auch eine Koexistenz der beiden strukturell organisierten Vereinigungen herrschte; es den Nationalsozialisten also nicht gelang, die Kirche aus dem Ort zu verdrängen und andererseits der Katholizismus nicht verhindern konnte, dass der NS lokal agierte.

Ein hierfür prägendes Beispiel findet sich in der „Chronik Pfarrei Weingarten“ des seit 1931 in Weingarten amtierenden Pfarrers Josef Fischer. Er sammelte darin Zeitungsartikel zum kirchlichen Geschehen in den Reblandgemeinden Offenburgs. Darüber hinaus dokumentierte er auch weitere Nachrichten aus den Ortschaften, wie etwa Todesfälle und Berichte zum Weinbau. Eine Seite seiner Chronik zeigt ein Foto der beiden abgehängten Glocken des Kirchspiels Weingarten. Neben den auf den Glocken befindlichen Inschriften dokumentierte Fischer: „Am 4. Januar 1942 läuteten unsere Glocken zum letztenmal. Sie wurden ein Opfer des Krieges“.[238] Dies lässt darauf schließen, dass die Glocken entweder zum Schutz vor Fliegerangrif-

273

Jnschrift auf der ersten Glpcke:

Zu Ehren Jesu Christi, unseres Erlösers.
Jesus von Nazareth beschütze uns vor allem Uebel.
Hl. Gott, hl. starker Gott, hl. unsterblicher Gott, erbarme dich unser.

Jnschrift aud der 2, Glocke:
Zu Ehren unserer lieben Frau in Weingarten.
Hl. Maria Mutter Gottes, Fürsprecherin deiner Verehrer in Weingarten, bitte für uns jetzt und in der Stunde unseres Todes.

Am ~~1~~4. ~~März~~ Januar 1942 läuteten unsere Glocken zum letztenmal.
Sie wurden ein Opfer des Krieges.

Wie traurig klang ihr Sterbegeläute. Habt Dank jhr lieben Glocken für alles Freudige und auch Trauriges.......... was jhr uns verkündet habt.... war es ein Feiergeläut oder ein Sterbegeläut...........

Jm Kriegsjahr 1942.

Ein Foto der beiden Glocken mitsamt der Transkription ihrer Inschriften und den (handschriftlich korrigierten) Daten in Josef Fischers Chronik (StA OG „30/622. Chronik Pfarrei Weingarten (Zeitungausschnitte).“, S. 273)

fen oder zur Gewinnung von Metall abgehängt wurden. Letzteres ist wahrscheinlicher, vergegenwärtigt man sich, dass die Nationalsozialisten nicht davor zurückschreckten, Kulturgüter für ihre kriegswirtschaftlichen Zwecke zu missbrauchen. Es scheint, als ob das Abhängen der Kirchenglocken in Zell-Weierbach mindestens bei Pfarrer Fischer für Unmut sorgte, wenn er dies auch nicht verhindern konnte. Wie der Prozess ablief, ist in den historischen Unterlagen nicht belegt.[239]

Anhand eines anderen Vorfalls ist konkreter nachzeichenbar, wie die unterschiedlichen Meinungen von NS-Organisation und katholischer Kirche aussehen konnten: In einer im Generallandesarchiv Karlsruhe (GLAK) erhaltenen Akte findet sich der Schriftverkehr von Hitlerjugend, Gestapo und dem Minister für Kultus und Unterricht aus dem Jahr 1935 zur Tätigkeit der katholischen Jugendorganisation in Offenburg. Berichtet wird über einen Elternabend, der am 8. Juli des Jahres im Gasthaus „Sonne" in Zell-Weierbach abgehalten wurde. Dabei handelte es sich nicht um einen Austausch nach heutigem Verständnis zwischen Pädagog:innen und den Eltern der Schutzbefohlenen. Vielmehr wurde offenbar eine Art Programm der jugendlichen Angehörigen der Katholischen Jungschar der Pfarrei Weingarten aufgeführt, zu dem die Eltern eingeladen waren.

In seinem Bericht dokumentierte ein Mitglied der Gestapo, „Gendarmeriehauptmeister Weber", die Ereignisse des Abends: Der Abend sei „sehr schlecht besucht" gewesen, von rund 150 Anwesenden seien nur etwa 30 Erwachsene, der Rest Jungschärler gewesen, die „Darbietungen primitivster Art gezeigt" hätten, wobei diese Aufführungen „zu keiner Beanstandung Anlass" gegeben hätten. Daneben hielten ein Kaplan namens Stude und Pfarrer Fischer Ansprachen. Fischer verbot zwei anwesenden Angehörigen des Bund Deutscher Mädel (BDM), Notizen über den Abend zu machen. Weber betont dabei, dass es „Dank der Disziplin der beiden Führerinen [sic!] des BdM" zu keinen Auseinandersetzungen hierüber gekommen sei. Als „gehässig" beurteilt Weber die Ansprache des „Diözesenjungführers" Hans Schülle, der die Funktion der katholischen Jungschar in „früheren Jahren" als „Bollwerk gegen die roten Jugendorganisationen" bezeichnete, wobei „an Stelle des Geistes des roten Falken aber ein ähnlicher Geist getreten sei". Weber prangerte an, dass Schülles Ausführungen andere Werte vermittelten als die nationalsozialistische Jugendarbeit.

Dass Schülle dem Regime nicht unbekannt war, verdeutlicht ein in derselben Akte vorhandenes Schriftstück der HJ, verfasst vom „Führer des Bannstreifendienstes 170 [...] Schuh, Geff.", der ebenfalls am 8. Juli in der „Sonne" anwesend war. Er betont, dass Schülle „dem Gebiet ja nicht unbekannt ist!!" Die Akte schließt mit einem Hinweis des Ministers des Kultus und Un-

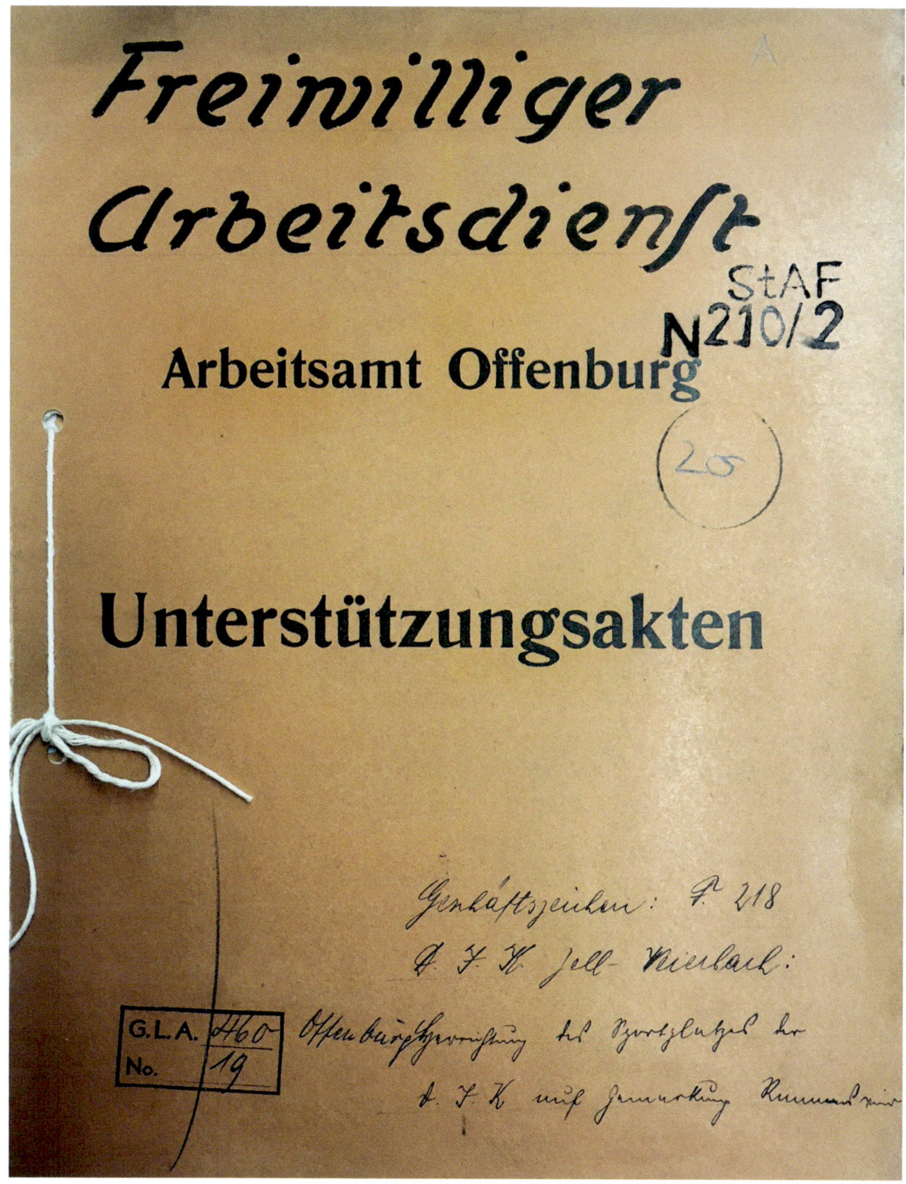

Dieser Aktendeckel zeigt, dass für die Maßnahmen des sogenannten Freiwilligen Arbeitsdienstes unter anderem das städtische Arbeitsamt zuständig war (N 210/2 20. Freiwilliger Arbeitsdienst. D. J. K. Zell-Weierbach: Herrichtung des Sportplatzes der D. J. K. auf Gemarkung Rammersweier)

terrichts, dass über die weiteren Tätigkeiten Schülles Bericht erstattet werden solle. Näheres zur Person Schülles, der laut Aktendeckel am 6.4.1907 in Mainz geboren worden und in Oberkirch tätig war, findet sich nicht.[240] Es zeigt sich jedoch, dass es Momente in Zell-Weierbach gab, in denen zumindest Vertreter der katholischen Kirche und ihrer Jugendorganisationen kritisch Stellung gegenüber dem NS-Regime bezogen und damit auch Potential boten, weitere Konflikte entstehen und eskalieren zu lassen. Dennoch fand diese Ablehnung nicht in der breiten Öffentlichkeit statt, sondern wurde, eher versteckt mit einem historischen Vergleich, vor den versammelten Katholiken vorgebracht. Dass Repräsentant:innen des NS-Regimes hierbei zugegen waren, bezeugt, wie sehr das Regime versuchte, die Kontrolle unter der Fahne des Hakenkreuzes auszuüben oder Konflikte zumindest zu dokumentieren – und dass das regimetreue Potential bereits in den Kinder- respektive Jugendschuhen der dörflichen Bevölkerung steckte.[241]

Inwiefern sich katholische Organisationen auch unter dem Banner des später vom NS vereinnahmten Freiwilligen Arbeitsdienstes in Zell-Weierbach betätigten, zeigen Dokumente aus dem StAF: Im Sommer 1932 war es der katholische Sportverband DJK, der den Sportplatz an der Grenze des Ortes zu Rammersweier herrichtete. Arbeitsdienste dienten als Förderprogramm zur Unterstützung Bedürftiger oder Arbeitsloser und entsprechend der erörterten wirtschaftlichen Lage seit den 1920er Jahren in der Region verwundert es wenig, dass diese Maßnahmen auch in Zell-Weierbach griffen.

Die Unterlagen benennen 18 Männer aus Zell-Weierbach, die bei der Herrichtung des Sportplatzes halfen, wobei keine dieser Personen eine führende Position in der späteren NS-Struktur im Ort einnahm.[242] Bereits 1968 resümiert Wolfgang Benz jedoch über den Freiwilligen Arbeitsdienst der frühen 1930er Jahre, dass „die Arbeitsdienstpflicht als Zwangsorganisation des totalen Staates der Ausrichtung und Gleichschaltung der Dienstpflichtigen im Rahmen der ‚Volksgemeinschaft'" gedient habe.[243]

Benz' Subsumierung des Freiwilligen Arbeitsdienstes benennt vielleicht einen der prägendsten Punkte in der Frage nach dem Verhältnis von katholischer Kirche und Nationalsozialismus in Zell-Weierbach: Als altbewährtes traditionelles Element der dörflichen Gesellschaft war der Katholizismus in Zell-Weierbach etabliert und akzeptiert. Doch während der vielfachen Krisensituationen der Gesellschaft des frühen 20. Jahrhunderts bot die Kirche als Institution keine Stabilität mehr für die dörfliche Gesellschaft; der Glaube an einen erstarkenden Staat mitsamt fanatischem Führer schien den ideologisch beeinflussten Bevölkerungsgruppen stärkeren Halt zu bieten als die Predigten des Pfarrers unter den bis 1942 läutenden Kirchenglocken der Pfarrei Weingarten. Dass NS-Parteiorganisationen Alternativen zum etablierten Gesellschaftsmodell boten, versprach Idealisten neue Aufstiegsmöglichkeiten und ein Prestige, wie es innerhalb der katholischen Kirche kaum erreichbar war.

Bauernführer, Volksgetränk und Badnerland[244]

Auch wenn Franz Leier nicht aus Zell-Weierbach stammte, die NSDAP in demokratischen Wahlen nie die Mehrheit im Ort erlangte und nur wenige hiesige Landwirte ihr angehörten, zeigt die enge Verbindung zwischen der städtischen und dörflichen NSDAP, dass die nationalsozialistische Ideologie im landwirtschaftlich geprägten Ort Fuß fassten konnte. Rudolf Heberle weist darauf hin, dass landwirtschaftliche dörfliche Bewegungen aus nationalsozialistischen Strömungen hervorgingen. So wundert es nicht, dass die Jungbauernschaft als dominierende NS-ideologisch geprägte Bewegung neben den von Heberle untersuchten protestantisch geprägten norddeutschen Gebieten[245] im mittelbadischen ländlichen Raum Fuß fassen konnte.

Ein Beispiel hierfür ist, dass der spätere NS-Bürgermeister in ZW, Josef Broß, bereits vor seinem Amtsantritt Kreisjungbauernführer war und damit für die völkische Ideologie empfänglich gewesen sein muss. Mit Broß, Leier und Bachmann sind nur drei Namen früher militanter Nationalsozialisten in Zell-Weierbach erwähnt.

Stützten sich die älteren Beschäftigungen der geschichtswissenschaftlichen Forschung zur Verbindung der nationalsozialistischen Ideologie mit dörflichen, landwirtschaftlich geprägten Lebenswelten meist auf die Betrachtung der großen Politik des RNS unter Richard Darré[246], so fußen neuere, meist lokalbezogene Forschungen auf der Neubewertung des RNS.[247] Es ist nicht verwunderlich, dass die Betrachtung des lokalen Bauernführers in Zell-Weierbach sehr aussagekräftig und, wie Kuno Bludau bereits 1968 zusammenfasst, „die Geschichte des deutschen landwirtschaftlichen Genossenschaftswesens" und „ihre Betrachtung wesentlich für eine Soziologie des Nationalsozialismus" ist. Dabei betont er:

> *Das einst aus christlich-sozialem Denken geschaffene und mit demokratischen Organisationsgrundsätzen ausgestattete Genossenschaftswesen fügte sich einer politischen Macht, die sich weder zum Christentum bekannte noch einen Hehl aus ihrer demokratiefeindlichen Einstellung machte.*[248]

In Zell-Weierbach existierte mit dem Ortsbauernführer Wilhelm Busam ein prägender Charakter für die landwirtschaftliche Gesellschaft. Unter dem Wappen des RNS nahm er eine repräsentative Stellung im Sinne des Führerprinzips ein. Eine konkrete Beziehung zwischen Busam und der Winzergenossenschaft geht aus den Dokumenten nicht hervor. Da die meisten der Weinbaubetreibenden Mitglied der WG waren, darf die Beziehung dieser zur örtlichen NS-Spitze allerdings als gesichert werden.

Günther Ringle betont, dass sich die Strukturen der Genossenschaften in den frühen 1930er Jahren generell änderten: „An die Stelle der Selbstverwaltung trat das vom deutschen Nationalsozialismus geprägte ‚Führerprinzip‘ als Leitbild.“[249] Ferner fasst er zusammen, dass die „Umwandlung von Genossenschaften zu Instrumenten der Staatspolitik [...] zu einer Abschaffung des Demokratieprinzips als tragender Säule des Genossenschaftswesens und zur Durchdringung des Genossenschaftswesens mit dem Führergedanken führte“ und nennt verschiedene Vorgehensweisen respektive Reaktionen: Die „[f]reiwillige Selbstgleichschaltung“, die „[p]assive Akzeptanz der Gleichschaltung“ und den „Widerstand gegen die Gleichschaltung“.[250] Wie genau die Integration der WG Zell-Weierbach in das NS-System vollzogen wurde, geht aus den erhaltenen Akten nicht hervor.

Klar ist, dass es sich um keine umstürzende, unter Widerstand auferlegte NS-Indoktrination der WG handeln konnte, da sich einerseits die Mitgliederanzahl der WG nicht verringerte[251] und sich andererseits in der Vorstandskonstellation nichts änderte.[252] Insbesondere der Geschäftsführer der WG ZW, Franz Schäffner, setzte sich, wie bereits gezeigt, seit mindestens den 1920er Jahren für den Weinbau ein. Als Lehrer war er spätestens ab 1937 NSDAP-Mitglied, wobei er bereits seit 1934 der Nationalsozialistischen Volkswohlfahrt und dem Nationalsozialistischen Lehrerbund angehörte.[253] Auch nach der nationalsozialistischen Gleichschaltung der (Winzer-)Genossenschaften verblieb er in seinem Amt im dortigen Aufsichtsrat. Dies spricht nicht nur für Schäffners Nähe und Beziehung zum hiesigen Weinbau, sondern ebenfalls für die Treue eines im Staatsdienst Stehenden gegenüber der nationalsozialistischen Regierung.

Es lässt sich vermuten, dass er es war, der die eingangs erwähnte Fotografie der WG Zell-Weierbach unter der Hakenkreuzfahne aufnahm, da sie sich in seinem Nachlass im GA ZW befindet und Schäffner selbst nicht darauf zu erkennen ist. Obwohl sich Schäffners Eintritt in die NSDAP mit dem Zeitgeist und den Gesetzen zur „Wiederherstellung des Berufsbeamtentums“[254] von 1933 begründen ließe, so ist sein erst später vollzogener Eintritt – und zwar in exakt dem Jahr, in dem die NSDAP großangelegt in der WG feierte[255] – anhand der Quellen nicht als normativer Zwang nachvollziehbar.

Obwohl mit dem Aufkommen des Nationalsozialismus in Zell-Weierbach keine gesamtgesellschaftlichen Veränderungen stattfanden und der Weinbau durch ihn nicht zum Erliegen kam, waren die Folgen der faschistischen und rassistischen NS-Ideologie in Form des Zweiten Weltkrieges im deutschen Südwesten deutlich zu spüren; den Weinbau und die dörfliche Gesellschaft betrafen diese Ereignisse ebenfalls.

Der Zweite Weltkrieg – Weinbau am Westwall

Auch vor dem so idyllischen Schwarzwald machten die Kriegsereignisse zwischen 1939 und 1945 nicht Halt; er diente als Abgrenzung des Gaues Baden vom östlichen Nachbarn Schwaben. Die im Schwarzwald lebende – zumeist landwirtschaftlich geprägte – Bevölkerung war nicht frei von äußeren politischen Einflüssen und Ereignissen.[256]

Baden war von 1939 bis 1942 in drei Wehrkreise aufgeteilt, die nicht rein homogen-badisch waren, sondern Gebiete Hessens und Württembergs miteinbezogen, bevor 1942 die Gründung der „Rüstungsinspektion Oberrhein“ unter Einbezug Süd- und Mittelbadens sowie des Elsasses vom Wehrwirtschafts- und Rüstungsamt angeordnet wurde.[257]

Vor dem Westfeldzug der Deutschen 1940 wurden im Südwesten bereits militärische Anlagen errichtet, darunter das Führerhauptquartier Tannenberg. Dieses lag zwischen dem badischen Oppenau und dem württembergischen Freudenstadt und wurde vor allem für zwei Dinge bekannt: Zunächst war es der Besuch Hitlers 1940, der durch dessen bloße Anwesenheit in der Region für großes Aufsehen sorgte, außerdem waren die dortigen Truppen vor allem für ihren ausgiebigen Alkoholkonsum berüchtigt.[258] Kriegshandlungen fanden in der militärischen Einrichtung jedoch keine weiteren statt.

Im kollektiven Gedächtnis der Region dürfte am ehesten der entlang der französischen Grenze verlaufende Westwall präsent sein, bei dessen Bau Männer aus Zell-Weierbach halfen[259] und der in der neueren Forschung häufig unter dem Aspekt des Naturschutzes betrachtet wird.[260] Michael Bruder konnte die Entstehung des Westwalls in der Ortenau aufzeigen, ebenso seine Rezeption durch die lokalen Medien.[261] Einem Dokument des Bundesarchivs (BArch), Abteilung Militärarchiv in Freiburg, ist zu entnehmen, dass in Zell-Weierbach ein Westwallbau existiert haben soll; bei einer Vor-Ort-Besichtigung in der Weingartenstraße 112 festzustellen und so auch in den Dokumenten des GA ZW nachzulesen ist, dass der Keller des Hauses – trotz vorhandener Schießscharten – lediglich als Luftschutzbunker geplant war.[262]

Ein weiteres Dokument aus dem GA ZW benennt einige weitere Luftschutzbunker im Ort: Demnach gab es mindestens vier Erdstollen, einen in der Abtsgasse bei der Hausnummer 19 mit einem Fassungsvermögen von rund 50 Personen; einer an der Weinstraße 18 bot Platz für 20 Unterschlupfsuchende; der dritte Erdstollen war bei der Adresse Talweg 15, er verfügte über Raum für 40 Menschen; der vierte war an der Bühlensteinstraße 22 mit Platz für 60 Personen. Diese vier wurden nach dem Zweiten Weltkrieg, spätestens 1952, zerstört. Daneben nennt eine Liste aus vermutlich dem gleichen Jahr noch zwei befestigte Luftschutzkeller, die Platz für jeweils bis zu 200 Personen boten: Der erste befand sich im Keller der Schulstraße 7 und der zweite unter dem ehemaligen Kolpingsheim im Lerchenbergweg 15. Sie existierten beide über den Zweiten Weltkrieg hinaus und der Keller unter dem Kolpingsheim wurde für weitere Zwecke genutzt, etwa als Bierkeller und zur Lagerung von Eis sowie vom örtlichen Kleinkaliberschützenverein vor dessen offizieller Neugründung 1960.[263]

Nur in Zell-Weierbach gab (und gibt) es östlich der Kinzig direkt an Offenburger Gemarkung angrenzend einen als „Keller 4916" bezeichneten Westwallbau. Laut Legende des Originaldokuments entspricht die Baustärke der Kategorie „C und schwächer"; die lilafarbenen Pfeile entsprechen den Ausrichtungen der Schießschartenstände (Quelle: BArch, RH 11–III/709 „Bd. 112: Kartenblatt 7513 Offenburg. 1. Aug. 1944")

Die Bedeutung der sich im Privatbesitz befindenden Stollen darf während der alliierten Fliegerangriffe gegenüber den befestigten Luftschutzkellern nicht außer Acht gelassen werden: Die beiden großen, betonierten Keller boten Platz für nur maximal 20 Prozent der dörflichen Bevölkerung, sodass mit den errichteten Stollen kostengünstig notwendige Alternativen geschaffen werden konnten. Dass sie auch tatsächlich als Schutz dienten, bezeugt der 1941 geborene Großvater des Verfassers:

> *Eben, wo wir in Zell-Weierbach noch gewohnt haben, war dann ab und zu Fliegeralarm und dann haben Sirenen gewarnt und da ist man in die Hohlgasse geflüchtet, in die heutige Burschelsgasse, [...] da waren seitliche Erdstollen und das ist da, wo jetzt die Abtsberghalle ist, oben oberhalb, da war die Hohl- oder ist die Hohlgasse. Da war so ein Stollen und da ist die Mutter mit uns hin.*[264]

Auffallend ist, dass der in den Unterlagen des Militärarchiv Freiburgs benannte Luftschutzkeller nicht in der Auflistung aus dem Gemeindearchiv Zell-Weierbachs benannt wird. Ebenfalls benennen Zeitzeug:innen weitere, anderswo nicht dokumentierte Luftschutzbunker respektive -keller.[265] Ob und wie stabil und sicher die verschiedenen Unterschlupfmöglichkeiten im Ort gewesen sind, ist nicht belegbar. Trotz der Nähe zum Bahnhof Offenburgs sind keine größeren Schäden aufgrund alliierter Bombardierungen in der hiesigen Rebgemeinde bekannt. Erwähnt werden muss jedoch, dass die westliche Peripherie des Offenburger Reblandes unmittelbar am städtischen Bahnhof lag. Dort verfügten große Teile der Bevölkerung über landwirtschaftlich genutzte Felder.

Bei einem alliierten Luftangriff am 10. August 1944, der vermutlich das Reichsbahnausbesserungswerk zum Ziel hatte, befand sich der siebenjährige Herbert Kornmeier mit seinem Vater, dem Eisenbahnarbeiter Hugo Kornmeier aus Zell-Weierbach, auf einem Feld im Gewann Grefzenweg, unmittelbar vor der Ortsgrenze zu Rammersweier, wo eine „feindliche Fliegerbombe mitten auf den Feldweg in unmittelbarer Nähe des Fuhrwerks [Kornmeiers] niederfiel". Infolge von aufgeschleuderten Bomben- und Steinsplittern wurde der Siebenjährige so schwer am Kopf verletzt, dass er eine Stunde später im städtischen Krankenhaus verstarb.[266]

Dass die Fliegerangriffe auch Opfer auf alliierter Seite in der Region forderten, zeigt eine in den U.S. National Archives erhaltene Akte von 1944: Darin wird berichtet, dass zwei als „Boeing G 17 B" bezeichnete Flugzeuge am 27. Mai des Jahres vermutlich infolge von Flak-Beschuss jeweils in der Nähe von Windschläg und Ortenberg abstürzten und dabei mindestens ein alliierter Soldat ums Leben kam, wohingegen die restlichen Besatzungsmitglieder im Offenburger Krankenhaus behandelt wurden.[267] Zwar schienen die beiden Flugzeuge nicht unmittelbar in Zell-Weierbach abgestürzt zu sein, der Großvater des Verfassers erinnerte sich jedoch auch an einen im Ort verunglückten alliierten Flieger:

> *Ja, da waren wir nicht auf dem Feld, da war ich auf dem Sägewerk. Das war ja tagsüber [...] und ich war auf dem Sägewerk und der Flieger ist direkt über das Sägewerk geflogen, ganz nieder. Er ist Richtung Süden geflogen und [...] ich glaube, man hat es gehört, dass es einen Schlag gegeben hat. Dann ist er abgestürzt im Laubenlindenweg [...] oder im Hungerberg da oben. Heute heißt es dort Sonnenhalde da oben. Und in der Gegend ist er runter. Ich bin dann gleich hochgerannt, wahrscheinlich mit den Anderen und dann sind wir auf einem Schwall oben gehockt und dann hat man es gesehen, da hat es gebrannt und Rauch und dass halt das eine tragische Sache war, hat man gleich gesehen. Und nachher hat man gehört, dass der Pilot geistesgegenwärtig die Maschine noch hochgezogen hat über das bewohnte Gebiet weg und ist dann, da wo er abgestürzt ist, war nur Feld, da waren keine Häuser mehr. Heutzutage ist ja dort großes Wohngebiet, da ist der abgestürzt und die Angehörigen, der Pilot war tot glaube ich, die Angehörigen von dem Piloten sind Jahre später sind sie geehrt worden für ihren Vater, weil er da Menschenleben und Sachschaden verhindert hat, gerettet hat, Menschenleben gerettet hat.*[268]

Vor dem Hintergrund dieser beispielhaft genannten Schicksale stellt sich die Frage, wie Zell-Weierbach, seine Bevölkerung und die Landwirtschaft, insbesondere der Weinbau, von den Kriegsereignissen ab 1939 geprägt waren.

Die (Land-)Wirtschaftliche Situation vor Kriegsausbruch

Im Bericht über die Ortsbereisung vom 14. Januar 1938 wurde festgehalten, dass die Bevölkerung innerhalb ZWs auf rund 2000 gewachsen sei. „Die Beschäftigung von Einwohnern in der Industrie hat in den letzten Jahren zugenommen. Die Zahl der Industriearbeiter- [sic!] und Arbeiterinnen beträgt bis jetzt 472. Die wirtschaftliche Lage der Bevölkerung hat sich gebessert“[269] fasst der Schreibende zusammen. Es zeigt sich, dass aufgrund vermehrter Arbeit in der nahegelegenen städtischen Industrie der Wohlstand der Dorfbevölkerung wuchs, wobei die Arbeit etwa in der Spinnerei-Weberei[270] mitunter mühselig und anstrengend war. Die vormals weitgehend in sich geschlossene dörfliche Lebenswelt veränderte sich bereits zu dieser Zeit immer

Eine auf den 21. April 1945 datierte alliierte Luftaufnahme Offenburgs und des Reblandes – erkennbar an der markanten gebogenen heutigen Weingartenstraße in Zell-Weierbach (StA OG „01/02 009-35")

mehr zugunsten des Alltags der städtisch beeinflussten Arbeiterbauern, was sich daran zeigt, dass bereits ein Viertel der Bevölkerung ZWs außerhalb des eigenen Wohnortes arbeitete.

Nach wie vor litten die landwirtschaftliche Situation und die Erträge des Dorfes insbesondere „daran, dass die landwirtschaftlich genutzte Fläche der einzelnen Landwirte sehr klein ist und im übrigen beinahe ausschliesslich Weinbau betrieben wird".[271] Es bestätigen sich die Thesen Wolfgang Galls, dass die Parzellierung der Grundstücke aufgrund von Erbteilungen immer weiter in die wirtschaftliche Misere führen konnte – wenn nicht außerhalb der Ortsgrenzen nach Arbeit und damit Erwerbsmöglichkeiten gesucht wurde.

Auffallend ist die Erwähnung der örtlichen WG im Reisebericht. Dieser gibt als eine der wenigen verfügbaren Quellen Zeugnis über ihre Entwicklung, insbesondere für die Zeit, ab der in Zell-Weierbach die NSDAP die tonangebende politische Macht war. Die WG „umfasst nunmehr nahezu alle Weinbauern und zählt 160 Mitglieder".[272] Bereits hieraus wird die von Ringle erwähnte Entwicklung von Genossenschaften im Nationalsozialismus bestätigt, da die gesamte dörfliche Weinbaugesellschaft unter dem Mantel der WG gefasst wurde. In Relation zu den knapp 500 Industriearbeitenden des Ortes war die Zahl der WG-Mitglieder beachtlich klein, insbesondere da der Weinbau explizit als Hauptlandwirtschaftserzeugnis bezeichnet wurde.

Zur wirtschaftlichen Situation der WG wird angeführt, dass diese 1937 130.000 RM „verteilt", also an ihre Mitglieder ausgeschüttet hätte und zusätzlich Keller und Kellereigebäude für 85.000 RM „erheblich vergrößert und vorbildlich eingerichtet" habe, wobei schon „[d]ie Inneneinrichtung allein [...] ungefähr 100.000 RM kosten" werde. Der „große Versammlungsraum", der weiter beschrieben wird, solle „auch der Gemeinde für allgemeine Zwecke zur Verfügung gestellt werden".

In Anbetracht des auf 1937 datierten Bildes wird es für die Lesenden offensichtlich, aus welcher politischen Perspektive der Reisebericht verfasst wurde, wenn man bedenkt, dass die Dekoration zweifellos nationalsozialistisch geprägt war. Besonders auffallend ist, dass die am 15. Mai 1938 stattgefundene Einweihung der WG „durch Minister Wacker erfolgen [solle], der ebenfalls Mitglied der Genossenschaft ist". Otto Wacker, geboren 1899 in Offenburg, gilt als einer der ranghöchsten Nationalsozialisten Badens und hatte führende Positionen in verschiedenen Ämtern. Er gehörte zudem der bereits erwähnten Freischar Damm an und so ist es wenig verwunderlich, dass er eine besondere Beziehung zu Zell-Weierbach hatte.[273]

Es ist festzuhalten, dass der NS spätestens im Jahr vor Kriegsausbruch im vom Weinbau geprägten Zell-Weierbach Einzug fand. Seit den 1920er Jahren boten frühe völkisch-militante Bewegungen die Möglichkeit, sich politisch zu betätigen. Das dörfliche Umfeld bot hierbei den Einwohnenden wie auch Auswärtigen, etwa aus der Stadt, einen geeigneten Rahmen. Die traditionell landwirtschaftlich geprägte Bevölkerung verlor nach dem Ersten Weltkrieg immer mehr an Möglichkeiten, ihre Weinerzeugnisse zu profitablen Preisen zu vertreiben. Das Aufkommen der WG und ihre Gründung 1923 bot der ärmeren Schicht zunächst die Möglichkeit, Kosten und Armut kollektiv zu verringern; der Niedergang großer gastronomischer Betriebe als Absatzmarkt führte dagegen erneut zu einer Subjektivierung und Parzellierung des Weinausschanks und damit zu unkalkulierbaren finanziellen Risiken.

Die unter den völkischen Idealen zu fassende Bewegung der Jungbauern wurde in Zell-Weierbach salonfähig, was sich schon daran zeigt, dass der Kreisjungbauernführer Josef Broß aus einer alteingesessenen Familie des Ortes stammte und spätestens 1936 die Politik der Nationalsozialist:innen unter dem Zutun Offenburgs im Dorf etablierte. Anders als von der frühen NS-Ideologie gedacht, bestand keine intensivierte Beziehung zwischen Land und Stadt unter dem Banner des Weines als Volksgetränk. Vielmehr zog es die Dorfbevölkerung aufgrund wirtschaftlicher Misslagen infolge von wenig Besitz, Wettereinflüssen und nicht schwinden wollender Armut in die Industriebetriebe der Stadt, sodass nicht einmal mehr zehn Prozent der Bevölkerung in Zell-Weierbach als Genossenschaftsmitglieder Weinbau betrieben.

Die Nutzung der vergrößerten WG zu nationalsozialistischen Zwecken und unter entsprechenden Bannern spiegelt wider, dass einer der höchsten badischen NS-Minister im Ort Genossenschaftsmitglied war. Die weiteren Geschehnisse und Entwicklungen im Ort standen ebenso wie der Weinbau nicht nur unter dem Einfluss des Nationalsozialismus und politischer Aktivitäten, sondern waren geprägt von den direkten Folgen und Resultaten der menschenverachtenden NS-Ideologie und der Umstrukturierung dörflicher Gesellschaften und Lebenswelten.

Die Entwicklungen des Weinbaus im Krieg

Im Folgenden werden unterschiedliche Phasen des Zweiten Weltkrieges im Hinblick auf die Entwicklung des Weinbaus erörtert. Aufgrund der Quellenlage ist die Untersuchung auf die Anbauflächen der Reben bis einschließlich 1942 beschränkt, da weitere Zahlen erst ab Beginn der 1950er Jahre vorliegen; anknüpfend hieran werden die Beziehungen zwischen dem Weltkrieg und dem Weinbau anhand der Kriegsteilnahme der Landwirte analysiert.[274]

Das Zurückgehen der Anbauflächen

Ende der 1930er Jahre erlitt der Weinbau in Zell-Weierbach als maßgebliche den Ort prägende Landwirtschaft einen massiven Rückgang; diese Entwicklung wird aus den Unterlagen des Bestandes VII. des GA ZW ersichtlich: Den jährlich ausgefüllten Bögen „Gemeindeblatt zur Anbauflächenerhebung in Baden“ ist zu entnehmen, dass von 1923 bis 1937 155 Hektar landwirtschaftlicher Fläche für den Weinbau genutzt wurden. Während für 1938 keine Zahl angegeben wurde, waren es 1939 rund zehn Prozent weniger als in den Vorjahren, nämlich nur noch 140 Hektar. Dieser Trend verstärkte sich im zweiten Kriegsjahr massiv, als nur noch 76,05 Hektar für den Weinbau genutzt wurden, bevor es 1941 und 1942 mit 85 respektive 98 Hektar erneut einen Zuwachs an bewirtschafteten Flächen für den Weinbau gab.[275]

Diese Gemeindeblatter geben keine Auskunft über die tatsächlichen Weinerträge der einzelnen Jahrgänge und die im Bestand VII. erhaltenen weiteren, jährlich ausgefüllten Dokumente der Herbstberichte, „Vorschätzungen der Weinmosternten" und „Berichte über die Stände der Reben" enden allesamt spätestens 1940.[276] Anhand der Unterlagen des GA ZW lässt sich lediglich feststellen, dass sich die Gesamtgröße der ertragsbringenden Weinbauflächen von 1939 zu 1940 mehr als halbierte und in den folgenden beiden Jahren leicht zunahm, bis hin zu zwei Dritteln des vormaligen Niveaus. Aufgrund der sich stetig verschlechternden wirtschaftlichen Gesamtsituation des Deutschen Reiches wurden die nachfolgenden Jahre vermutlich nicht dokumentiert oder die Unterlagen gingen verloren.

Weinbauern in der Wehrmacht

Betrachten lässt sich die Entwicklung der Weinbauflächen im Kontext des Zweiten Weltkrieges. Es lässt sich so danach fragen, wie die Entwicklungen der abnehmenden Anbauflächen für Wein und die Kriegsteilnahme der Zell-Weierbacher Landwirte zusammenhingen.

Undatierte Postkarte mit Blick auf den Ortsteil Riedle (Quelle: GA ZW)

Undatierte Postkarte mit Blick auf Zell-Weierbach-Riedle (Quelle: GA ZW)

Für die Zeit von August bis Dezember 1939 wurden in den Verhörbögen der Franzosen 36 Eintritte[277] von Zell-Weierbacher Landwirten in den Militärdienst angegeben – was rund einem Viertel (26,3 Prozent) der befragten 137 Landwirte entspricht. Lediglich vier der 36 Männer traten nach Oktober 1939 in den Militärdienst ein[278], was auf eine rege Teilnahme an den ersten Kriegshandlungen rückschließen lässt. Den 26,3 Prozent der fehlenden Landwirte steht ein Flächenverlust von zehn Prozent im Weinbau gegenüber. Die verhältnismäßig große Anbaufläche 1939 im Vergleich zu den Folgejahren lässt sich damit begründen, dass die Vorarbeiten in den Rebbergen schon das ganze Jahr über geschehen waren, als der deutsche Überfall auf Polen stattfand. Dennoch begann die Weinlese erst am 9. Oktober[279], rund fünf Wochen nach Ausbruch des Zweiten Weltkrieges, als bereits viele der Landwirte an der Front waren. Die Arbeit „im Herbst" dürfte entsprechend auf die Schultern der restlichen Familienmitglieder verteilt worden sein.

Gemeinsam mit vier bereits vor 1939 ins Militär eingetretenen Landwirten und acht weiteren im Jahr 1940 lassen bis zum Spätsommer des Jahres 1940 48 Landwirte im Militärdienst nachweisen[280] und damit ein Drittel aller Landwirte. Zu dieser Zeit wurde nur noch die Hälfte (49 Prozent) der ursprünglichen Zell-Weierbacher Anbauflächen bewirtschaftet, 76 von 155 Hektar.[281] Eine Erklärung für diesen hohen Flächenschwund lässt sich nicht allein anhand der Zahlen der Kriegsteilnehmer festmachen, vielmehr spielen die klimatischen Bedingungen eine große Rolle. Gerade das Frühjahr war

1940 extrem kalt.[282] Gernot Kreutz zeigt auf, wie die Aufgaben im Weinberg über das Jahr hinweg verteilt waren.[283] Möglich ist, dass diese aufgrund der Kälte weniger ausgeübt wurden und die Reben aufgrund fehlender Pflege nicht ideal gedeihen konnten. Ebenso ließe sich argumentieren, dass der Bedarf an Wein 1940 gedeckt gewesen sein könnte, da die Deutschen nach dem siegreichen Frankreich- respektive Westfeldzug die ausländischen Weinreserven massiv plünderten.[284]

18 Männer aus der Landwirtschaft Zell-Weierbachs kamen 1941 an die Front – in dem Jahr, als der Deutsch-Sowjetische Krieg ausbrach. Ende 1941 standen damit theoretisch 66 Landwirte im Feld – und damit rund die Hälfte der insgesamt im Ort nachweisbaren.[285] In diesem Jahr wurden wieder 85 Hektar oder 54 Prozent der ursprünglich genutzten Weinbaufläche bestellt.[286] Im selben Jahr begann der Deutsch-Sowjetische Krieg und das Unternehmen „Barbarossa“ forderte in Russland im Winter 1941 viele menschliche und landwirtschaftliche Ressourcen.[287] Landwirtschaftliche Erzeugnisse wurden dringend benötigt, das könnte erklären, weshalb wieder mehr Landwirtschaft betrieben wurde; analysieren lässt sich diese Entwicklung insbesondere anhand des letzten Jahres, für das Zahlen zur Weinbaufläche vorliegen.

Neun Landwirte wurden 1942 eingezogen[288], im Oktober 1942 dienten also theoretisch 75 Landwirte und damit etwa 54 Prozent der später befragten 137 Landwirte. In diesem Jahr entsprachen die bepflanzten 98 Hektar Weinbaufläche circa zwei Dritteln der Vorkriegszeit. Es lässt sich festhalten, dass gerade im zweiten Kriegsjahr eine drastische Abnahme der Weinbaufläche stattfand, wohingegen verhältnismäßig viel Fläche wieder ab 1942 genutzt wurde.[289] Der Anstieg der Anbauflächen ließe sich mit der politisch forcierten Bestrebung begründen, dass der Agrarsektor ergiebiger produzieren sollte. Dies sollte gewährleisten, dass sowohl die Frontsoldaten als auch die Bevölkerung im Reich mit Lebensmitteln versorgt blieben.[290] Denn als

Statistik „Vernehmungsprotokoll der französischen Besatzungsmacht Ortskommandantur Zell-Weierbach (o. D.)“ (GA ZW IX., Zusammenstellung von Leon Pfaff)

Jahr	Eintritte von Landwirten ins Militär	Theoretische Gesamtzahl der Landwirte im Militär
Vor 1939	4	4
1939	36	40
1940	8	48
1941	18	66
1942	9	75

die Weinlese 1942 begann, war die seit Spätsommer andauernde Schlacht von Stalingrad bereits eskaliert.[291]

Insgesamt überlebten 137 Männer aus Zell-Weierbach, die ihren Lebensunterhalt mit der Landwirtschaft verdingten, den Zweiten Weltkrieg; 107 von ihnen waren als Soldaten am Kriegsgeschehen beteiligt.[292] Die Zahlen geben Aufschluss darüber, in welchen Phasen des Kriegsgeschehens besonders viele deutsche Soldaten eingezogen wurden und wie exorbitant der Weinbau darunter litt. Es ist erstaunlich, dass überhaupt noch Weinbau und Landwirtschaft betrieben werden konnten, gerade vor dem Hintergrund des wichtigen Stellenwertes der Versorgung der deutschen Bevölkerung. Dass Zell-Weierbacher Landwirte ins deutsche Militär einberufen wurden, hatte zudem Auswirkungen für die daheimgebliebenen Familienmitglieder, insbesondere die Kinder.

Als die Väter fehlten – die Kriegskinder

„Anders als in der Stadt" verlief die dörfliche „Kindheit und Jugend unterm Hakenkreuz" laut Walter Knittel, wie er in seiner Untersuchung württembergischer Dörfer erörtert. Im Dorf „tickten die Uhren […] etwas langsamer", obwohl die Militarisierung durch den Nationalsozialismus auch in der dörflichen Gesellschaft stattfand; insbesondere wurde die Jugend durch paramilitärische Erziehungsmethoden in der HJ indoktriniert.[293]

Das Verhältnis der Jugendlichen zum NS-System untersuchte Clara-Louise Noffke unter dem Aspekt der Zukunftsfähigkeit des Regimes[294]; passend hierzu schildert Barbara Jahn die Resultate dieser Indoktrination anhand des Kriegseinsatzes Jugendlicher[295]; Caroline Klausing erörtert anhand des Neustadter Beispiels das Verhältnis von Lehrkräften und den von ihnen beaufsichtigten Schulkindern.[296] Das Ergebnis der drei Untersuchungen lässt sich mit Nicholas Gate resümieren: Die im Nationalsozialismus sozialisierte Generation der „Kinder und Jugendlichen [war] die am tiefsten [von ihm] geprägt[e]".[297]

Karin Orth kontextualisiert den Begriff der „Kriegskinder" wissenschaftlich und widmet ihm einen Tagungsband, der vor allem auf autobiografischen Erzählungen der Geburtenjahrgänge 1930 bis 1945 basiert.[298] Dass die Folgen des Zweiten Weltkrieges für die Kinder in Zell-Weierbach zu spüren waren, davon zeugt nicht nur eine „Vorschlagsliste für die Betreuung von unter Kriegsfolgen leidenden Kindern", welche 1952 [!] vier Kinder der Geburtenjahrgänge von 1941 bis 1947 nennt, die zum Teil Waisen waren, zum Teil aufgrund von (kriegsbedingten) Krankheiten und Verletzungen der Väter keinen gesicherten Lebensunterhalt erfahren durften.[299]

Baden galt als „Menschenreservoir des Reiches"[300] und es ist offensichtlich, dass viel mehr Männer und damit auch häufig Väter an den Geschehnissen des Zweiten Weltkriegs teilnahmen, als die Schicksale der vier zu betreuenden Kinder aufzeigen. Dies bestätigt sich durch die bereits erörterten Verhörbögen der französischen Besatzung. Anhand von Zeitzeugnissen und ortsbezogener Literatur zeigt sich, dass die familiären und sozialen Strukturen der Zell-Weierbacher Dorfgesellschaft durch das Fort-Sein der Männer von zuhause massiv beeinflusst wurde. [301] Die fehlenden Arbeitskräfte in der Landwirtschaft[302] sorgten dafür, dass die Entwicklungen des Kriegsverlaufes Auswirkungen auf die vorhandenen Lebensmittel hatten, was wiederum eine konzertierte Ernährungspolitik des NS-Regimes zur Folge hatte.[303]

In Bezug auf die landwirtschaftlich geprägte Dorfbevölkerung unterm Hakenkreuz resultierte dies in einer Vorrangstellung des hiesigen Ortsbauernführers, da dieser in Sachen Ernährung seine Macht ausüben konnte, wie anhand des Schicksals der Zwangsarbeit aufzuzeigen ist.[304] Zunächst werden die Erinnerungen erörtert, die einige Zeitzeug:innen aus Zell-Weierbach an ihre sich an der Front befindlichenVäter hatten. Dies geschieht insbesondere im Hinblick auf die Situation im Weinberg und dem Ackerfeld.

Mehrere Zeitzeug:innen erinnern sich im Rahmen der Befragung zum Zweiten Weltkrieg daran, dass ihre Väter während ihrer Abwesenheit durch deren Kinder in der landwirtschaftlichen Arbeit ersetzt wurden.[305]

Angeleitet wurden diese oft durch ältere, erfahrenere Geschwister. Hierbei konnte das Problem entstehen, dass die männlichen älteren Geschwister ebenfalls eingezogen wurden und damit im Haushalt und in der Landwirtschaft gleich zwei männliche Generationen an Arbeitskräften fehlten.[306] Dann oblag die Arbeitskoordination oft der Mutter, wobei es durchaus Hilfe gab, etwa von der Großelterngeneration der Kriegskinder. Dies war auch der Fall, wenn die Mutter jüngere Geschwister aufziehen oder anderweitig – etwa in der Industrie oder als Tagelöhnerin – Geld verdienen musste.[307]

Ebenso kam es vor, dass Mütter von älteren Nachbar:innen etwa beim Rebenspritzen angeleitet wurden.[308] Dieses Element der gegenseitigen Hilfe betonen mehrere Zeitzeug:innen, die darüber berichten, dass unentgeltlich – teils in den frühen Morgenstunden – untereinander in der Nachbarschaft oder Dorfgemeinschaft ausgeholfen wurde.[309]

Obwohl viele Männer und damit auch Väter Soldaten im Zweiten Weltkrieg waren, bedeutet dies keineswegs, dass sie durchgängig seit Diensteinstritt bis 1945 an der Front kämpften. So war der Heimaturlaub – etwa aufgrund von Verletzungen oder insbesondere zur Arbeit in der heimischen Landwirtschaft zu Erntezeiten – ein prägendes Element der Zell-Weierbacher Kriegskindererinnerungen. Den Zeitzeug:innen blieben diese Momente der Rückkehr meist positiv in Erinnerung, das Familienbild schien wieder intakt.[310] Es gab in der dörflichen Gesellschaft aber auch Differenzen zwischen den an der Front kämpfenden Landwirten aus dem Ort und denen, die nicht (mehr) eingezogen respektive vom Kriegsdienst freigestellt waren, wie eine Anekdote zeigt.

> *[Der Vater] war mal da im Urlaub vom Krieg. Die Laube, […] die Wirtschaft, das war ja früher, wo die Bauern am Sonntagmorgen ihren Frühschoppen getrunken haben, […] und der im Urlaub geht natürlich auch in die Laube […] und er ist rein, er hat kein Bier bekommen, weil er keine Marken gehabt hat.*[311]

Viele der Väter kamen gar nicht mehr oder schwer geschädigt von der Front zurück, was für ihre Familien wiederum Folgen im Hinblick auf den Lebensunterhalt bedeutete, wenn die Frauen etwa nicht arbeiten konnten oder eine große Familie zu ernähren hatten. Dies stellt wiederum einen längerfristigen Einfluss der Kriegsgeschehnisse dar, der in Erinnerungen und Dokumenten greifbar ist.[312]

Im Hinblick auf die Mitarbeit in der Landwirtschaft machte es nicht zwingend einen Unterschied, wann ein Kind in Zell-Weierbach zwischen 1920 und den frühen 1940er Jahren aufgezogen wurde. Die Unterstützung auf dem Acker oder im Weinberg war im gesamten Untersuchungszeitraum durchaus üblich und diente dem finanziellen Lebensunterhalt der Familie – wobei spezifische Umstände Einfluss auf die tatsächliche Arbeitspraxis nehmen konnten, wenn beispielsweise Fliegeralarm für Unterbrechungen sorgte.

Ein einprägsames und einschneidendes Ereignis in der Erinnerung der meisten Zeitzeug:innen der Kriegskindergeneration war die Abwesenheit des Vaters aufgrund des Kriegseinsatzes. Nach damaliger Wahrnehmung wurde damit nicht nur den Kindern, sondern der gesamten Familie die Figur des Familienoberhauptes weggenommen. Dies konnte langfristig zur bitteren Realität werden, wenn die Väter nicht mehr oder schwergeschädigt von der Front heimkehrten. Gates These der besonderen Belastung der Kriegskinder lässt sich hiermit bestätigen: Die Geschehnisse und Verbrechen an der Front außenvorlassend zeigt sich in dem Verlust des Vaters für die Kriegskinder eines der wohl schmerzhaftesten Ereignisse, welches wiederum Einfluss auf die Landwirtschaft und damit den Weinbau haben konnte, wenn keine anleitende oder helfende Hand Ersatz bieten konnte.

Ein wichtiger Umstand ist in diesem Zusammenhang auch die Heranziehung anderer Arbeitskräfte in der dörflichen Lebenswelt während des Zweiten Weltkrieges: die der Zwangsarbeiter:innen. Nur am Rande sei erwähnt, dass auch die Angehörigen der Wehrmachtstruppen, die durch den Ort zogen, in der Landwirtschaft aushalfen. Im GA ZW befindet sich ein Dokument, welches auflistet, welche Einheiten wann im Ort stationiert waren.[313]

Aufschwung mitten im Krieg?

Dass nach den ersten Jahren des Zweiten Weltkrieges – zumindest bis zum Beginn des militärischen Niedergangs Nazideutschlands – aufgrund vergrößerter Anbauflächen wieder vermehrt Weinbau betrieben werden konnte, lässt sich an drei Anhaltspunkten begründen:

Zunächst dürften es die Familienmitglieder und die Dorfgesellschaft im dritten Kriegsjahr 1941 bereits gewohnt gewesen sein, die Landwirtschaft ohne „den Mann im Haus“ zu bestellen. Nachbarschaftliche und verwandtschaftliche Beziehungen trugen dazu bei, dass sich das Dorf – über politische und weltanschauliche Konflikte hinweg – durch Zusammenhalt und -arbeit förderte; auch im Weinberg. Die Gemeinschaft konnte sich so eine neue Identität schaffen, gerade in den Jahren, die auf die vermehrte Hinwendung viele Dorfbewohner:innen zum städtischen Umfeld folgten.

Der zunehmende Weinbau konnte vielfach auch ohne Hilfe des Mannes bewerkstelligt werden. Dieser kehrte mitunter zumindest zeitweise in die Dorfgesellschaft und Landwirtschaft zurück; dies bestätigten mehrere Zeitzeug:innen. Gründe hierfür waren Heimaturlaube, Verwundungen oder die Rücksendung für reichswichtige Arbeiten, die insbesondere die Ernährung der Bevölkerung in der Heimat und an der Front sicherstellen sollten. Zu dieser Grundversorgung gehörte durchaus auch der Wein, der nicht nur als Genuss- sondern auch als alltägliches Nahrungsmittel im Deutschen Reich definiert und beliebt war. Dies zeigt Fabian bereits an der Idee einer Volksgemeinschaft, die „im Rebstock verwurzelt“ sein sollte und so den Spalt zwischen Stadt und Land und deren verschiedenen Lebenswelten schließen sollte.

Ein dritter möglicher Einfluss auf die nach 1940 gesteigerten Anbauflächen des Zell-Weierbacher Weines – und hier kommt das nationalsozialistische Regime vollends in der dörflichen Lebenswelt zum Tragen – stellt den Einbezug von Kriegsgefangenen und Zwangsarbeiter:innen dar.

Zwangsarbeit in der Landwirtschaft

Eine der ersten ausführlicheren Beschäftigungen mit der Geschichte der im NS zur Zwangsarbeit eingesetzten Kriegsgefangenen vollzog Ulrich Herbert, der die Entwicklung seit Ausbruch des Zweiten Weltkrieges entsprechend der politischen Vorgaben in unterschiedliche Phasen gliedert.[314]

Seit den ersten Forschungen zur Zwangsarbeit im NS entstanden zahlreiche lokale, regionale wie geografisch übergreifende Studien und Werke. Sie allesamt betrieben die Aufarbeitung eines der brutalsten, menschenverachtendsten und mit am stärksten von der NS-Ideologie geprägten Kapitel der deutschen Geschichte. Während Herbert et al. vor allem die Wirtschaftsverhältnisse im Ruhrgebiet aufzeigen[315], kamen spätestens in den 1990er Jahren neue Aspekte in der Forschung auf. Sie waren geprägt von der Praxis des Austausches und der Oral History mit ehemaligen Zwangsarbeitenden aus Ost- und Westeuropa[316] und standen für die Politik der Aussöhnung und Wiedergutmachung. Die Forschungen Constantin Goschlers resümieren diese Prozesse wiederum[317] – 60 Jahre nach den unmenschlichen Arbeitsbedingungen und den unfreiwilligen Aufenthalten in Lagern. Im Vergleich etwa zur Entschädigung der Opfer des Holocausts fand eine Entschädigung der Zwangsarbeitenden noch weniger statt.

Die gegenwärtige Schwierigkeit, noch Informationen zu erhalten, besteht darin, dass viele dieser Menschen mittlerweile aufgrund ihres Alters – und oft infolge der schweren Lebens- und Arbeitsbedingungen und anderer Folterungen durch die Nationalsozialisten – verstorben sind. Insbesondere die Schicksale von osteuropäischen Zwangsarbeitenden nach deren Ausreise aus Deutschland waren von westlicher Perspektive aus oft nicht mehr nachvollziehbar, da der Eiserne Vorhang die Kommunikation zwischen der Bundesrepublik und der Sowjetunion erschwerte. Ebenso ergeben sich Probleme anhand sprachlicher Barrieren, da deutsche Niederschriften von osteuropäischen Namen nicht eindeutig russischsprachigen Schreibweisen zuzuordnen sind. Im Rahmen der vorliegenden Arbeit kommt hinzu, dass die geopolitische Lage infolge des russischen Angriffskriegs gegen die Ukraine – gut 80 Jahre nach dem deutsch-sowjetischen Krieg – Recherchen nach ehemaligen Zwangsarbeitenden in Osteuropa nicht möglich machte.

Aus den verfügbaren Akten geht nicht hervor, dass in Zell-Weierbach freiwillige ausländische Arbeitskräfte eingesetzt wurden, weswegen eine Unterscheidung von „Zwangs-“ und „Zivil-“arbeitenden[318] nicht vorgenommen werden kann. Da für die Zeit ab 1943 bis in die 1950er Jahre keine Auflistungen mehr über die im Ertrag stehenden Weinflächen existieren, kann kein Zusammenhang hergestellt werden, wie sich der Einsatz von Zwangsarbeitenden auf den Weinbau konkret ausgewirkt hat, ebenso kann die Entwicklung des Weinbaus in der Endphase des Zweiten Weltkrieges im weiteren Verlauf dieser Untersuchung nicht nachvollzogen werden.

Dennoch können zahlreiche Quellen Auskunft über Zwangsarbeit geben.[319] Insbesondere lebensgeschichtlichen Interviews ist ein hoher Stellenwert beizumessen, da sie der Forschung ergänzende Informationen bieten, die ansonsten im NS-Schriftgut nicht überliefert wurden, etwa über die Lebenswege der Zwangsarbeitenden und die Alltagspraxis in den Zwangsarbeitslagern; häufig dienen Erinnerungen dazu, die gerade im Dorf wenigen erhaltenen Quellen zu reflektieren.[320] Mittels verschiedenster Archivbestände kann die Zwangsarbeit in Offenburg und Zell-Weierbach untersucht werden, wobei sich neben dem kommunalen Verwaltungsschriftgut auch die Dokumente der Arolsen Archives anbieten.

Es lassen sich Facetten der Zwangsarbeit in Zell-Weierbach in einen größeren entsprechenden Kontext einordnen, was wiederum aufzeigt, wie perfide die Verbindung von Nationalsozialismus und Weinbau war.

Zwangsarbeit in Offenburg und Umgebung

Der in dieser Untersuchung vollzogene Einblick in die Zwangsarbeitsforschung bezog sich bisher lediglich auf das Deutsche Reich und einzelne Regionen wie etwa das Ruhrgebiet. Doch auch für den deutschen Südwesten existieren zahlreiche Regionalstudien, die sich mit dem Einsatz der Zwangsarbeitenden auseinandersetzen.[321] Der Fokus liegt meist auf den Schilderungen der Ereignisse und Entwicklungen in den meist größeren Städten wie Freiburg, Karlsruhe oder Heidelberg. Für den mittelbadischen Raum existieren mit den Studien Bernd Bolls, Egbert Hoferers und Rolf Oswalds allerdings auch abseits der Metropolen Untersuchungen, die das Schicksal der Zwangsarbeitenden aufarbeiten.[322]

Der Unterschied der Zwangsarbeit in der Provinz zu der in großen Städten liegt in den unterschiedlichen Tätigkeitsfeldern, in denen Menschen eingesetzt waren. Während in den badischen Städten kriegswichtige Industrie vorhanden war und dort die meisten Zwangsarbeitenden eingesetzt wurden[323], waren – wie anhand der erörterten Entwicklungen der durch den Kriegseinsatz fehlenden Männer ersichtlich wurde –im ländlichen und dörflichen Raum ebenfalls Arbeitskräfte vonnöten, die dann zumeist in der Landwirtschaft arbeiten mussten; so auch in vom Weinbau geprägten Ortschaften.[324] Obwohl die Zwangsarbeit auf dem Dorf gegenüber der in der städtischen Industrie Vorteile bot[325], unterlagen auch die in ihr eingesetzten Menschen der nationalsozialistischen Ideologie und wurden ausgebeutet.[326] Insbesondere der Einsatz von Frauen stellt ein Spezifikum dar, da sie ja keine kriegsgefangenen Soldaten, sondern Zivilistinnen waren und aufgrund von NS-Stereotypen als schwächlich und in einer Mutterrolle[327] angesehen wurden, weswegen ihre Löhne niedriger als die der Männer waren.[328] Ein konkretes Schicksal einer in Zell-Weierbach eingesetzten osteuropäischen Zwangsarbeiterin wird am Ende dieses Kapitels geschildert.

In seinem Standardwerk zur Kriegswirtschaft und Zwangsarbeit in Offenburg zeigt Bernd Boll direkt zu Beginn: Zell-Weierbach war nicht nur ein Nebenschauplatz oder in der äußeren Peripherie der Zwangsarbeitsthematik. „Anfang September 1940 marschierte ein Soldat der Wehrmacht mit zwanzig französischen Kriegsgefangenen nach Zell-Weierbach, wo er sie bei einem Betrieb abliefern sollte.“[329] Hieraus wird ersichtlich, dass die ersten Zwangsarbeitenden nach Zell-Weierbach unmittelbar vor dem Beginn der Weinlese kamen, wobei sie vermutlich nicht dafür eingesetzt werden sollten. Es ergibt sich hieraus zunächst die Information, dass Franzosen wenige Monate nach dem Westfeldzug bereits im Ort benötigt wurden, um vermutlich fehlende Arbeitskräfte zu ersetzen.

Wie Boll weiter ausführt, wurden zehn Franzosen zurück nach Offenburg geschickt, da im anfordernden Betrieb nicht ausreichend Arbeit vorhanden war. Sie wurden also nicht etwa in landwirtschaftlich-geprägten Familien eingesetzt, was zeigt, dass der Mangel an Arbeitskräften zumindest für den Weinbau noch keine allzu große Bedeutung gehabt haben konnte und die Einbußen der Anbauflächen 1940 eher auf die oben geschilderten Gründe der fehlenden Männer und der wetterbedingten Einflüsse zurückgingen.

Verantwortlich für die Zuweisung der Kriegsgefangenen und die dazugehörige Bürokratie war das „Mannschaftsstammlager für Kriegsgefangene VC“ (Stalag)[330], das zunächst bei Baden-Baden seinen Sitz hatte, im Februar 1942 aber nach Offenburg verlegt wurde.[331] Vom Stalag aus wurden die Kriegsgefangenen zu weiteren Außenlagern nahe ihres Einsatzortes geschickt. So wurden etwa die ersten nach Offenburg deportierten Kriegsgefangenen im „Bad Ries“ in der Wasserstraße 19 nahe der Spinnerei-Weberei untergebracht[332], bevor 1942 das Lager Holderstock unweit des Bahnhofsgeländes, westlich der Gleisanlagen erbaut wurde. Dies verwundert nicht, da die meisten der in Offenburg beschäftigten Zwangsarbeitenden für die Reichsbahn die oft körperlich schweren und lebensgefährlichen Arbeiten verrichten mussten, wie etwa die Beseitigung von Schäden und Blindgängern nach Fliegerangriffen.[333] Spätestens mit der Einquartierung der Gefangenen im Lager Holderstock war aber auch die räumliche Nähe zum rund zwei Kilometer entfernten Rebland gegeben.

Unterkünfte der Zwangsarbeiter in Zell-Weierbach

Aus mehreren voneinander unabhängigen Gesprächen mit Zeitzeug:innen aus Zell-Weierbach geht hervor, dass im Ort ein eigenes ‚Lager‘ für die Zwangsarbeitenden bestand. Dieses wurde als „Mannschaftsraum“ bezeichnet und befand sich in der bereits erwähnten ehemaligen Gastwirtschaft „Zum Bad“ des Ortes.[334] Vor der Nutzung als öffentliche Gaststätte war der Gebäudekomplex ein Heilbad gewesen – nun dienten die Räumlichkeiten als Sammelunterkunft für die Zwangsarbeitenden.

Aus den Unterlagen des GA ZW geht nicht hervor, ab wann die im Ort arbeitenden Kriegsgefangenen im „Bad“ untergebracht waren. Es ist unklar, ob dies bereits geschah, als die ersten Zwangsarbeitenden 1940 im Ort eingesetzt waren oder erst, als das nahegelegene Holderstock-Lager errichtet wurde, und sie zuvor im „Bad Ries“ in Offenburg untergebracht waren. Eine Zeitzeugin berichtet aber davon, dass die Zwangsarbeitenden im Rebland teilweise in den jeweiligen Häusern lebten, in denen sie arbeiteten – auch über den Willen der Parteiideologen hinweg:

Undatierte Skizze des Zeller Bades. Die dort einquartierten Zwangsarbeitenden dürften allerdings weitaus weniger Komfort genossen haben als vormals die Gäste des Heilbades (Quelle: GA ZW)

> *[I]n Fessenbach waren etliche [Zwangsarbeitende] und hier [in Zell-Weierbach] waren auch […] Der Opa [hat] Milch gefahren nach Offenburg in die Milchzentrale […] und dann ist ein junger Kerl ihm an den Wagen gehängt und […] dann hat der Opa sich erbarmt und hat ihn mit[genommen] und ist zu dem Fessenbächer […] Ortsgruppenleiter und hat gesagt: „Du, Scher, den brauche ich zum Schaffen." Er hat Nikolai Kubano geheißen und er war von Woronesch an der Wolgau. Das weiß ich noch. Und dann hat er es durchgebracht. Also der durfte zu uns kommen, der hat dann bei uns gelebt und im Nachbarhaus waren ein Mädchen und ein Kerl, die haben da schon länger geschafft, […] abends haben die dann auch Feierabend gehabt […], dann sind sie rumgekommen zu unserem Nikolai, die zwei und haben im Schuppen Karten gespielt. Und der Nikolai hat gesagt: „Vater, ich Durschti holen." […] Und dann haben sie getrunken. Und dann kam das raus, dann hat eben dieser Ortsgruppenleiter Scher gesagt: „Ries Franz, das darfst du nicht machen." Und dann hat der Opa wieder gesagt: „Scher, die hocken in meiner Stube."*[335]

Die Kriegsgefangenen aus der Industrie der Stadt in das landwirtschaftliche Arbeitsumfeld zu überführen, stellt in den geführten Interviews eine Besonderheit dar – nicht nur, weil es der Erinnerung der Zeitzeugin nach als barmherzige Tat geschildert wurde. Die Erzählung zeigt, dass die Zwangsarbeitenden im ‚Privaten'[336] in Kontakt kamen mit den landwirtschaftlichen und alkoholhaltigen Erzeugnissen ihres Umfeldes – wenn auch in diesem Beispiel Most anstelle von Wein konsumiert wurde. Es findet sich zu den geschilderten Vorgängen kein erhaltener Schriftverkehr, ebenso wenig zu den etwaigen Zuweisungen von Kriegsgefangenen in einzelne landwirtschaftliche Betriebe oder Haushalte.

Ein Zeitzeuge, dessen Vater vor der Einberufung in den Krieg 1940 verstorben und dessen Mutter alleinerziehend war, erinnert sich, dass der hiesige Ortsbauernführer Wilhelm Busam Aufgaben ausübte, die die Zuweisung und Organisation der Zwangsarbeitenden betraf:

> *[W]enn du etwas gehabt hast mit den Hilfskräften, dann hieß es halt, dem [Bauernführer] muss ich es sagen. […] Mit der Ukrainerin ist er nicht so friedlich umgegangen, wenn man sich beklagt hat. Am Anfang ist die da gewesen und hat mitgegessen, aber meistens hat sie sich ein Häuflein Kartoffeln selber gemacht und ist halt da raus gehockt […] Und dann hat […] Mutter sich beklagt […], dass die nicht am Tisch essen will […] Und da hat man halt dem [Bauernführer] etwas gesagt und da hat der dann können ein bisschen grob werden […] aber die [Zwangsarbeiterin] hat sich wegen dem nicht viel geändert. Dann haben wir noch einen gehabt, ein Pole ist noch da gewesen […] und die sind dann […] zusammengekommen, also das hat man dann gewusst, […] nachher hat es eben geheißen, er muss weg in ein anderes Haus im Obertal […] Da ist er dann hingekommen, das war ein Schwager vom Bauernführer. […] Und der hat dann da geschafft […] wir haben dann einen Franzosen bekommen und die Marie.*[337]

Das Unterbinden persönlicher Beziehungen zwischen den Zwangsarbeitenden durch Inhaber von Parteiämtern lässt sich in beiden Schilderungen klar erkennen und entspricht dem NS-ideologischen Ansatz der Zurückdrängung der „Fremdvölkischen"[338], insbesondere vor dem Hintergrund von möglichem – vom NS-Regime natürlich ungewolltem – Nachwuchs einer Ukrainerin und eines Polen als Angehörigen der Sowjetunion, die nach NS-Sprache „Untermenschen"[339] waren. Der Vorfall um den Sitzplatz am Esstisch[340] zeigt, dass die Beziehungen zu Parteiideologen von Vorteil waren, wenn diese zusätzliche Arbeitskräfte zuteilen konnten.[341]

Der bürokratische Schriftverkehr zur Zwangsarbeit ist heute hauptsächlich vonseiten der Lagerverwaltung nachvollziehbar. So geben etwa die im GA ZW vorhandenen vereinzelten Monatslohnlisten Auskunft über die mageren Löhne, die die Zwangsarbeitenden bekamen. Es ist erstaunlich, dass solche Aufzeichnungen überhaupt (noch) vorhanden sind, dokumentieren sie doch ausführlich, dass es Nutznießer der Vorgänge und Verbrechen gab und wer diese waren.[342] Dass die Dokumente zumeist die Klarnamen der einzelnen Gefangenen und nicht nur bloße Nummern enthalten, ist umso ergiebiger für den Zweck der Nachvollziehbarkeit einzelner Schicksale. Mögen die Schriftstücke damals tatsächlich nur der bürokratischen Ordnung entsprungen sein, geben sie heute Auskunft, wer als Zwangsarbeiter:in in Zell-Weierbach tätig sein musste und welche Menschen hiervon profitierten.

Im GA ZW befinden sich unter der Signatur IX. zwei gebündelte Akten zur Zwangsarbeit. Eine trägt den Titel „Ostarbeiter (Russen) Abrechnung, Nachzahlungslisten u. s. w." Sie enthält die in der Aktenbezeichnung angegebenen Dokumente.[343] Daneben existiert eine Akte ohne Deckblatt mit ähnlichen Unterlagen – auch für französischstämmige Zwangsarbeitende – sowie offizielle Schriftstücke mit Anweisungen des Stammlagers in Offenburg.[344] Zudem findet sich unter der Signatur IV. eine Sammlung von 32 Abrechnungen über die jeweiligen Beschäftigungsdauern und Gesamtlohnzahlungen an die „Ostarbeiter".[345]

In dem durchmischten, titellosen Schriftstückbündel aus Bestand IX. werden einzelne Details der Organisation der Zwangsarbeitsstrukturen erkennbar. So werden in einem undatierten Schriftstück „betr. Unterkunft" zwei Soldaten („Schütze Zefferer" und „Schütze König") benannt, die für die Dauer von insgesamt 15 Tagen bei „H. Kilgus" untergebracht waren.[346] Ob dies lediglich reguläre Unterbringungen im Rahmen von durch Zell-Weierbach ziehenden Truppenbewegungen waren oder ob diese beiden explizit für die Zwangsarbeitenden im Ort zuständig gewesen sein könnten, geht aus dem Schriftstück nicht hervor.

Eine ebenfalls undatierte Rechnung benennt einen weiteren deutschen Soldaten („Wachmann Kistner") und gibt darüber Auskunft, dass mindestens ein Zwangsarbeiter am Stützpunkt der Nationalsozialisten im Gasthaus „Sonne" untergebracht wurde und dort „Verpflegung" erhielt. Die Kosten für die Unterbringung im Dezember 1940 und Januar 1941 betrugen 26,60 und 36,40 RM, wobei ein „Restbetrag von Verpflegung von Wachmann Kistner erhalten" worden sei, welcher 49 RM betrug.[347]

Es wird nicht ersichtlich, ob die Verpflegung des Wachmannes 49 RM kostete oder ob diese im Zusammenhang mit der Unterkunft des Kriegsgefangenen stand. Klar hervor geht aus beiden Schriftstücken, dass einerseits die bekannten Namen von Militärangehörigen, die mit den Zwangsarbeitenden zu tun hatten, nicht aus dem Ort stammten, andererseits zeigt sich, dass sich sowohl die Gemeindeverwaltung als auch das Stammlager VC die Verpflegung bezahlen ließen.

Die weiteren Dokumente sind grundsätzliche Anweisungen und Sammelrechnungen, aus deren Betrachtung lediglich hervorgeht, wie lange welche Zwangsarbeitenden bei wem beschäftigt waren und wie viel Lohn sie erhielten. Dabei ist erkennbar, dass eine gleichzeitige Anwesenheit von französischen und osteuropäischen Zwangsarbeitenden im selben Haus durchaus gegeben war, wobei nicht für jeden Monat Unterlagen vorliegen und der Schriftverkehr seit 1941 intensiviert wurde, allerdings nur bis ins darauffolgende Jahr; für die Zeit von 1943 und 1944 ist kein einziges Dokument vorhanden.[348]

Aus weiteren Unterlagen der Bad Arolsen Archives geht hervor, dass die erste namentlich bekannte zwangsarbeitende Person in Zell-Weierbach, Stefania Lesmiak, geboren am 3. August 1918 in Moyslemy, Polen, bei niemand geringerem als Landwirt und NS-Bürgermeister Josef Broß ab dem 20.(1)2.1940[349] beschäftigt war. Wenn dies tatsächlich die erste in einem privaten Haushalt beschäftigte Zwangsarbeiterin in Zell-Weierbach gewesen ist, so verwundert dies nicht, da Broß im selben Jahr seinen Militärdienst antrat[350] und damit der Familie des Bürgermeisters als erste das ‚Privileg' zuteilwurde, Unterstützung im Haushalt und der Landwirtschaft zu erhalten.

Zwangsarbeit im Weinbau – Nachweisbare Einzelschicksale

Boll zeigt auf, dass in den einzelnen um Offenburg liegenden Lagern unterschiedliche qualitative Maßstäbe herrschten, was Arbeitskleidung und -werkzeug anging. So hätten die in Zell-Weierbach in den Reben eingesetzten Gefangenen für ihre Arbeit „zum Rebenspritzen […] Lederschuhe zugewiesen bekommen", welche sich gegenüber Holzschuhen gerade bei Tätigkeiten in „steilen Abhängen" als vorteilhaft erwiesen hätten.[351] Diese Tätigkeiten fanden auch in den anderen umliegenden Rebgemeinden und im städtischen St. Andreas Hospital statt, welches ebenfalls Weinbau betrieb. Da für die Jahre ab 1943 keine Zahlen zu den im Ertrag stehenden Weinbauflächen vorliegen, kann die Entwicklung der Zwangsarbeit nicht anhand der Entwicklung des Weinbaus selbst analysiert werden; der Einbezug der Zwangsarbeitenden in die Landwirtschaft ließe sich aber als Grund für eine Zunahme der Anbauflächen im Weinbau sehen.

Im Folgenden werden zwei Einzelschicksale analysiert, von denen das erste zeigt, in welchem Verhältnis Zwangsarbeit in der Landwirtschaft zu politischer Verfolgung im Ort stehen konnte, wohingegen das zweite das Schicksal einer in der Landwirtschaft eingesetzten Osteuropäerin und ihrer Tochter darstellt. Beide Berichte stehen beispielhaft dafür, dass der Weinbau in Zell-Weierbach nicht losgelöst oder unbeeinflusst von den Verbrechen im NS war.

Jakob Moßmann[352] – Nutznießer oder Opfer des Regimes?

Die Untersuchung des Einsatzes von Zwangsarbeitenden im Dorf ermöglicht neue Perspektiven auf die Bevölkerung ZWs. So wurde gegen Jakob Moßmann aufgrund von „Vergehen gegen das Heimtückegesetz" im Herbst 1944 ein Verfahren eingeleitet, in welchem vom Oberstaatsanwalt neun Monate Gefängnisstrafe gefordert wurden.[353] Moßmanns Vergehen waren lediglich verbale, so äußerte er sich gegenüber dem bereits erwähnten Ratsschreiber Hauser[354] unzufrieden mit der Situation der Landwirtschaft Betreibenden im Vergleich zur Situation vor 1933[355]: „Den Parteibonzen geht es heute besser und die andern haben auch heute eben nichts."

Einem Nachbarn, dessen Schwiegersohn in einem „Lazarett bei Königsberg" verstorben und dessen Leichnam nach Offenburg überführt worden sei, äußerte Moßmann gegenüber – nach einer Beileidsbekundung: „Glaubst Du, daß Dein Schwiegersohn in dem Sarg ist, der von Königsberg gekommen ist? […] Es werden Steine drin sein. Ich glaube nicht, daß eine Leiche von Königsberg bis Zell-Weierbach geschickt wird." Dies waren nach NS-Lesart „böswillige, gehässige, hetzerische und von niedriger Gesinnung zeugende Äusserungen".[356] Moßmanns Hauptverhandlung hätte am 29. November 1944 stattfinden sollen – zwei Tage nach dem „stärksten Angriff"[357] der Royal Air Force auf Offenburg. Infolge der Bombardierung der Stadt seien die Strafakten zu Moßmanns Fall „verbrannt"[358], weswegen der Prozess gegen ihn nicht stattfinden konnte. Moßmann selbst befand sich noch bis zum 16. Dezember 1944 in Untersuchungshaft, wurde dann aber entlassen und kam mit der NS-Gerichtsbarkeit nicht mehr in Kontakt.

Im Frühjahr 1946 stellte er einen Antrag an die „Badische Landesstelle für die Betreuung der Opfer des Nationalsozialismus Zweigstelle Offenburg“ zur Wiedergutmachung des von August bis Dezember 1944 – mitten während der Weinernte – erlittenen Lohnausfalls. Hierbei gab er an: „Ferner benötigte meine Frau landwirtschaftliche Hilfskräfte für Einbringung von Öhmd[359], Kartoffelernte Weinernte sowie Herbstbestellung des Akerfeldes [sic!]“.[360]

Bei einer der erwähnten Hilfskräfte handelte es sich vermutlich um Elena Andrejenkowa, die am 12. Januar 1926 in „Olchowka Minsk“ geboren wurde und laut Unterlagen aus den Arolsen Archives bereits seit dem 10. Mai 1943 in der Landwirtschaft Moßmanns arbeitete[361] – also anderthalb Jahre bevor der Prozess gegen ihn stattfinden sollte. Der Restitutionsantrag wurde mit Beschluss vom 5. Juni 1951 abgelehnt, da Moßmann nicht nachweisen konnte, „dass er diese Äusserungen [für die er angeklagt wurde] auf Grund einer politischen Überzeugung gemacht hat und dass er auf Grund dieser Überzeugung überhaupt das nationalsozialistische Regime als solches verurteilt hat“. Vielmehr wurden Moßmanns kritische Äußerungen dahingehend eingestuft, dass er ständig zur Kritik neige; eine „nationalsozialistische Verfolgungs- oder Unterdrückungsmassnahme wegen einer politischen Haltung“ habe in diesem Fall nicht stattgefunden.[362]

Moßmann wurde von offizieller alliierter Seite nicht als Verfolgter des NS-Regimes angesehen, viel mehr spiegelt sich das von Wagner geschilderte Bild der grundsätzlich traditionellen und kritischen Landwirtschaft Betreibenden wider. Die endgültige Erledigung von Moßmanns Fall dauerte wie viele weitere Restitutionsverfahren[363] verhältnismäßig lange und endete mit einem für die Klagenden nicht zufriedenstellenden Ergebnis. In den Augen von NS-Ideologen wie dem dörflichen Ortsgruppenleiter Hauser beging Moßmann heimtückische Verbrechen, weswegen er mindestens zu einer Gefängnisstrafe verurteilt werden sollte, wobei bekannt ist, dass Menschen aus Zell-Weierbach aufgrund Hausers Denunziationen Konzentrationslagerhaft erleiden mussten.

Im kollektiven Gedächtnis respektive den Erinnerungen von Zeitzeug:innen gilt Moßmann als Verfolgter des Regimes, der laut den Akten des GA ZW nach dem Einmarsch der Franzosen in Offenburg und seinen Umlandgemeinden im April 1945 in der Untersuchungskommission[364] tätig war, die NSDAP-Nahestehende in Zell-Weierbach vom Wahlrecht für die Gemeinderatswahl 1946 ausschloss.

Nach der politischen Neustrukturierung des Dorfes wurde Moßmann von der Ortsbevölkerung als NS-Verfolgter gesehen; es stellt sich allerdings die Frage, ob er tatsächlich aus der historischen Perspektive heraus als solcher gedeutet werden kann, denn andererseits war er bereits vor seinen persönlichen Konflikten mit dem Regime mit der Beschäftigung von Zwangsarbeitenden ein Nutznießer der rassistischen Politik; zumal er zugegeben hatte, dass er die Zwangsarbeitenden auch für den Weinbau ausgenutzt habe.

Das tragische Schicksal einer jungen russischen Zwangsarbeiterin

Anhand der Biografie einer Zwangsarbeiterin, die bei einem Landwirt in Zell-Weierbach beschäftigt war, wird deutlich, welch grausames Schicksal eine ganze Reihe von Zwangsarbeitende am Ende des Krieges ereilte, nachdem sie den Einsatz in der Landwirtschaft unter dem Banner des NS überlebt hatten.[365]

Einen knappen Monat vor der offiziellen bedingungslosen Kapitulation des NS-Regimes gegenüber den Alliierten wurde Offenburg am 15. April 1945 von französischen Streitkräften besetzt[366], am Tag darauf marschierte „eine kleine Abteilung Franzosen“[367], „gedeckt durch einen Panzer“[368] in Zell-Weierbach ein. Mit dem Ende des Nationalsozialismus schien zugleich das Ende der Zwangsarbeit in der Landwirtschaft gekommen zu sein und so befanden sich Ende April 2037[369] sogenannte „Displaced Persons“[370] (DP) in Offenburg in der Ihlenfeldkaserne, die vormals durch die Wehrmacht genutzt worden war.[371] Wie Uwe Schellinger rekonstruiert, brachten Wehrmachtstruppen vor ihrem Abzug aus der Kaserne im April Sprengsätze mit Langzeitzündern an – vermutlich aus dem Denken heraus, dass alliierte Truppen dort einquartiert werden sollten. Die Detonationen in drei der Kasernenbauten am 4. Mai forderten allerdings keine Angehörigen des Militärs als Opfer, sondern die Leben von 114 zivilen DP; 92 davon stammten aus der ehemaligen Sowjetunion. Ihre Namen sind bis in die Gegenwart größtenteils unbekannt.[372]

2020 erhielt das StA OG Informationen aus einem Tagebuch einer französischen Rotkreuzschwester, die darin ihre Erinnerungen und Emotionen um die Kasernenexplosion dokumentiert hatte.[373] Aus diesen Unterlagen geht hervor, dass sie nach den Ereignissen ein junges Mädchen adoptierte, deren leibliche Mutter und Zwillingsbruder zwei Todesopfer des Anschlages gewesen waren.[374] Die getötete Mutter war zuvor als Zwangsarbeiterin bei einem Landwirt namens Bernhard Herp – wohnhaft in Zell-Weierbach – beschäftigt.

Mittels der Unterlagen des GA ZW und aus Bad Arolsen konnte die Identität der Ermordeten zumindest teilweise rekonstruiert werden: Es handelt sich dabei um die im Dezember 1920 in „Chanzworyma“[375] geborene Ulia[376]

Harbus. Sie war seit dem 7. Juli 1942 bei Herp beschäftigt[377] und erhielt nach einer Lieferung am 15. Oktober des Jahres fünf „Kennzeichen für die Arbeiter aus dem altsowjetrussischen Gebiete" vom „Ausländeramt", welche sie für je zehn Pfennig kaufen musste.[378] Es kann davon ausgegangen werden, dass es sich hierbei um die diskriminierenden Kennzeichnungen handelte, die das NS-Regime nutzte, um die unterschiedlichen Nationalitäten der Zwangsarbeitenden kenntlich zu machen.

Ulia Harbus war bis zum 17. April 1945 bei Herp beschäftigt, bevor sie knapp drei Wochen als „Displaced Person" galt. Sie erlebte ihre Heimkehr aufgrund des letzten Verbrechens der Nationalsozialisten in Offenburg nicht mehr. In der Zeit, als sie bei Herp vermutlich in der Landwirtschaft beschäftigt war, musste sie mit ihren Zwillingen schwanger geworden sein, wobei die Identität des Vaters nicht bekannt ist.[379] Herp selbst hatte drei Töchter und starb am 14. März 1945 entweder bei einem letzten verzweifelten militärischen Manöver des Regimes oder in Kriegsgefangenschaft.[380]

Exkurs: Weitere Opfer des Nationalsozialismus in Zell-Weierbach

Die dörfliche Gesellschaft Zell-Weierbachs war nicht nur dadurch vom Nationalsozialismus beeinflusst, dass die männliche Bevölkerung in den Krieg zog und deutsche Truppen im Ort stationiert waren. Auch die weiteren Folgen der menschenverachtenden faschistischen Politik des NS-Regimes waren im Weinort spürbar.

Durch Recherchen in verschiedenen Archiven und Auskünfte der Gedenkstätte Grafeneck konnte der Autor der vorliegenden Arbeit die Schicksale dreier Personen rekonstruieren, die aus dem Ort kamen und im Rahmen der „Aktion T4" in Grafeneck ermordet wurden.[381] Ihre Namen waren:

Karoline Frieda Dold. Sie wurde am 7. April 1910 in Offenburg geboren. Sie lebte bis zu ihrer Aufnahme in die Heil- und Pflegeanstalt Illenau am 2. Oktober 1933 in Zell-Weierbach. Bis zum gleichen Tag im Oktober 1936 war sie in der Illenau und wurde von dort in die Kreispflegeanstalt nach Fußbach überführt. Am 13. Juni 1940 wurde sie aus Fußbach nach Grafeneck deportiert und direkt nach der Ankunft 30-jährig ermordet. Ihr Todestag ist somit der 13. Juni 1940, spätestens aber der Folgetag.

Helmut Abele. Geboren am 21. Dezember 1926 und spätestens im Februar 1933 in einer Heilanstalt, vermutlich in Herten, wohnhaft, wurde er von dort aus am 12. August 1940 nach Emmendingen ‚zwischenverlegt' und von

Badische Heil- und Pflege-Anstalt Jllenau.

Steril.

Vor- und Zuname: Lina Dold
(auch Mädchenname)

Krankheitsform: Schizophrenie Nr. 149 B

Geburtstag: 10. 4. 1910 Geburtsort: Offenburg

Beruf (Ob selbständig): Wohnort: Zell-Weierbach

Familienstand: l. Verpflegungsklasse: III

Religion: ka. Wievielte hiesige Aufnahme: 1.

Zugang am: 2. Oktober 1933 Zugang von: Kr. Kr. Offenburg

Freiwillig , auf Antrag de ..., angeordnet, fürsorglich, zur Beobachtung, statthaft erklärt, aus Untersuchungshaft, aus Strafhaft, vom Militär. Unter Pflegschaft, entmündigt. Vorbestraft, einmal, mehrmals.*)

Eingeliefert durch: Sanit. Personal

Name, Eigenschaft und Wohnort der zu benachrichtigenden Person:

Telephon Nr.

Abgang am: 2. Oktober 1936 Abgang wohin: Fischbach
evtl. Todesursache

Abgangsform: geheilt, gebessert, ungeheilt; vom Anfall geheilt, gebessert, ungeheilt; entwichen, gestorben.*)

*) Das Zutreffende unterstreichen.

Ein Auszug aus Dolds Patientenakte aus ihrem Aufenthalt in der „Heil- und Pflegeanstalt Illenau". In einem anderen Schriftstück der Akte wird sie NS-Jargon-typisch als „erbkrank" bezeichnet, zudem ist der handschriftliche Vermerk oben rechts ein Hinweis, dass Dold wie so viele Opfer der „Euthanasie" vor ihrer Ermordung zwangssterilisiert worden war (StAF „B 821/2 19149. Heil- und Pflegeanstalt Illenau: Dold, Lina, geb. 1910")

dort einige Tage später, am 29 August 1940 nach Grafeneck gebracht, wo er noch am gleichen oder spätestens am Folgetag im Alter von 13 Jahren ermordet wurde.

Erwin Kiefer. Über seine Biografie ist wenig bekannt, außer dass er wie Helmut Abele in Herten war und mit ihm über Emmendingen nach Grafeneck deportiert und dort ermordet wurde.[382]

Ein konkreter landwirtschaftlicher Bezug der drei Ermordeten lässt sich anhand der Quellen nicht feststellen. Im Rahmen der NS-Ideologie wurden sie nicht als Teil der deutschen Gesellschaft gesehen, da sie als körperlich respektive psychisch Kranke galten. Außer in den Akten aus Grafeneck tauchen die Namen auch in den Akten des GA ZW auf, wo die soziale Herkunft und die jeweiligen Krankheitsbilder neben denen einiger anderer Personen genauer geschildert werden. Diese anderen Personen überlebten laut Auskunft aus Grafeneck oder Recherchen in der Einwohnermeldekartei Zell-Weierbachs den Zweiten Weltkrieg oder wurden zumindest nicht Opfer der „Euthanasie".[383] Seit Januar 2023 recherchieren Mitglieder der Ortsgruppe Offenburg des Historischen Verein für Mittelbaden e. V. in den Fürsorgeakten des Stadtarchiv Offenburgs nach T4-Opfern, hierbei könnten weitere Personen aus Zell-Weierbach bekannt werden.

Weitere Recherchen zu verfolgten Zell-Weierbacher:innen konnten keine konkreten Verbindungen von Verfolgung und Landwirtschaft respektive Weinbau nachweisen – mit Ausnahme eines am Ende dieses Kapitels geschilderten Beispiels. Als verfolgte Personen werden hier explizit nur diese betrachtet, die in NS-ideologisch geprägte Strafverfahren verwickelt waren.[384] Prozesse etwa aufgrund von Diebstählen, „Meineids" oder „Sittlichkeitsverbrechen" finden sich zwar im Bestand StAF A 43/1 der Staatsanwaltschaft Offenburg, weisen jedoch keinen NS-spezifischen Bezug auf.[385] Weitere Recherchen bescheinigen jedoch, dass es auch in Zell-Weierbach Opfer gab, die unter der NS-spezifischen Rechtsprechung litten. Die Schicksale der Betroffenen werden im Folgenden – soweit nachvollziehbar – dargestellt.

Im Bestand „507. Sondergericht Mannheim. 1933–1945" des GLAK finden sich mehrere Akten zu Vergehen aus „Heimtücke" – so die Wortwahl –, die als Angriffe auf Staat und Partei gedeutet wurden. Dass das NS-Regime den Rechtsapparat hierbei missbrauchte, um politische und ideologische Dissidenten zu verfolgen, ist offensichtlich.[386]

Die im Bestand 507 im GLAK vorhandenen Fälle mit Bezug zu Zell-Weierbach geben etwa Hinweise auf einen im Ort ansässigen und verfolgten „Bibelforscher" namens Erwin Fischer, der in das KZ Dachau deportiert wurde und dieses überlebte.[387]

Daneben wurde Sebastian Bieser zur Last gelegt, 1936 gegenüber dem erörterten Stützpunktleiter und Bezirkssachverständigen für Rebbau Josef Broß ausfällig geworden zu sein, als dieser ihn auf die in Biesers Grundstück vorkommende Reblaus hinwies. Das Verfahren gegen den 1867 Geborenen wurde im November 1936 eingestellt, mit der diffamierenden Begründung, dass Bieser „wegen krankhafter Störungen der Geistestätigkeit unfähig gewesen [sei], das Unerlaubte seiner Tat einzusehen".[388]

Im Oktober 1937 kam es zu einer Anzeige gegen Georg Schwendemann, der sich gegenüber einem anonym bleibenden Zeugen über die Presse und das NS-Regime generell ausließ. Ein Urteil ist dieser Verfahrensakte nicht zu entnehmen, auffällig ist jedoch, dass der Zeuge ein „V-Mann" war, dessen Name „nicht genannt sein darf". Dies zeigt wiederum, dass die systematische Verfolgung und Bespitzelung Andersdenkender unter dem Banner des NS auch in Zell-Weierbach Einzug hielt.[389]

Die Unterlagen Bad Arolsens benennen einen von Maria Abendschön, geborene Hauser, verwitwete Bato, verwitwete Bürk, am 18. Oktober 1921 oder 1924 geborenen Sohn namens Fredric oder Friedrich respektive Fritz Bato mit französischer Staatsangehörigkeit, der im August 1940 im Kolpinghaus Zell-Weierbach aus dem Kleiderschrank eines „Zimmergenossen [...] Bargeld, Wäsche und Kleidungsstücke" gestohlen haben soll. Im selben Monat wurde er aufgrund eines Fahrraddiebstahls in Haldensleben im heutigen Sachsen-Anhalt verhaftet. Er befand sich noch im selben Jahr aufgrund eines Arbeitsvertragsbruchs drei Monate im Gefängnis in Mainz, von März bis August 1942 dann im Gefängnis in Heilbronn und war anschließend bis zum März 1943 im Konzentrationslager Natzweiler-Struthof, von aus er nach Dachau deportiert wurde, welches er bis zum Kriegsende unter der Häftlingsnummer 45082 überlebte. Nach verschiedenen weiteren Aufenthaltsstationen lebte er spätestens 1959 in Straßburg, war seit 1951 verheiratet und stellte als Opfer des NS-Regimes einen Antrag auf Wiedergutmachung.[390]

Im GA ZW existiert eine Akte aus der Nachkriegszeit zur Entschädigung von Verfolgten des Ortes, wobei die Grenzen von Tätern oder zumindest Nutznießern und Opfern des NS nicht immer klar voneinander zu trennen ist.[391]

Am Schicksal von Ulia respektive Ulla oder Olga Harbus zeigt sich eindeutig, dass der Einsatz von Zwangsarbeitenden bei Landwirtschaft Betreibenden in Zell-Weierbach – und damit höchstwahrscheinlich im Weinbau – ebenso gängige Praxis in der nationalsozialistischen Doktrin und den weiteren Verbrechen der Deutschen war wie die Zwangsarbeit in anderen wirtschaftlichen Bereichen, etwa der Rüstungsindustrie.

Mit den Unterlagen des GA ZW und den Arolsen Archives[392] ist es knapp 80 Jahre nach Ende des Zweiten Weltkrieges – wenn auch nur vereinzelt und durch eher zufällig – möglich, Opfer des Nationalsozialismus zu identifizieren und den Nachfahren dieser Familien Gewissheit über das Schicksal ihrer Angehörigen zu verschaffen. Die Entwicklung des Weinbaus in Zell-

Weierbach vom genossenschaftlichen Gedanken der 1920er Jahre über den volkstümlichen Charakter unter dem Banner des Nationalsozialismus hin zum Einsatz von Zwangsarbeitenden wird an diesem tragischen Schicksal deutlich. Die Verbindung der menschenverachtenden Ideologie des NS-Systems mit der Zell-Weierbacher Landwirtschaft zeigt sich explizit anhand des Einsatzes von nicht-deutschen Personen in der Zwangsarbeit, die auch in der Arbeit im Weinberg mündete.

Weinlese mit Ständelträgern in den 1950er Jahren (StA OG „09/282-5 Weinlese 1953 Fessenbach")

Epilog – Nachkriegszeit unter französischer Besatzung

Das Ende des Zweiten Weltkrieges 1945 gilt in vielen Aspekten als Zäsur und wurde in der Forschung ausführlich erörtert. Es war geprägt von den vorausgegangenen, monatelangen alliierten Fliegerangriffen, dem Rückzug deutscher Truppen und der nationalsozialistischen Politik der „verbrannten Erde". Daniel Kuhn diskutiert die Ereignisse um die bedingungslose Kapitulation des Reiches im schwäbischen Teil des Südwestens[393]; Wolfgang Gall et al. untersuchen dies für die Region der Ortenau.[394] Immer wieder wird dabei von Widerstand deutscher Truppen gegen die anrückenden alliierten Einheiten berichtet, was häufig bittere Konsequenzen und sinnlose letzte Opfer des Krieges zur Folge hatte.

In Zell-Weierbach selbst ging der Zweite Weltkrieg harmloser, wenn auch nicht weniger einschneidend zu Ende. Zwar gab es den Versuch fanatischer NS-Anhänger, sich gegen die einmarschierenden Franzosen zu wehren, doch fanden konkrete Auseinandersetzungen zwischen den Truppen kaum statt und so wurde das Dorf am 16. April 1945 durch die französischen Soldaten vom NS-Regime befreit.[395]

Es liegt nahe, dass die Thematik des Weines von den Besatzern nicht unberührt blieb. Obwohl unter der französischen Besatzung die im Ertrag stehenden Flächen nicht mehr erfragt oder in deren Verwaltungsschriftgut einbezogen waren[396], gab es in den Nachkriegsjahren Erhebungen über die Weinbestände in den Gastwirtschaften.[397] Basierend hierauf erfolgten ab 1945 immer wieder Ablieferungen von Wein und Schnaps[398]; einerseits als Entschädigung der von den Deutschen im Nachbarland begangenen Verbrechen und Kriegsschäden, andererseits zum bloßen Konsum der zu versorgenden Truppen. Zudem regelte die Landesregierung unter französischer Beaufsichtigung die Sperrstunden und Schließzeiten von Gastronomiebe-

Weinlese nach dem Krieg (StA OG „09/283-12 Weinlese 1953")

trieben, wie etwa dem auch von den Franzosen und ehemaligen Zwangsarbeitenden frequentierten Gasthaus „Sonne". Der Betrieb von Straußwirtschaften wurde komplett verboten.[399]

Der 1935 geborene Walter Fuchs lebte zum Kriegsende hin mit seiner Mutter zum Schutz vor alliierten Fliegerangriffen im Gasthaus Sonne und erinnert sich auch an das Auftreten der dort einkehrenden französischen Besatzungsmacht und die ehemaligen Zwangsarbeitenden:

> *Als dann der Krieg zu Ende ging, da haben die [Wirte] täglich gewartet, dass Franzosen aufmarschieren und ja irgendeines schönen Sonnentages [...] sind die ersten in der Wirtschaft aufgetaucht. Schwer bewaffnet, aber ganz freundlich, [...] die haben auch gleich ihr Bier gekriegt, sie haben sogar bezahlt, die Wirtin hat gesagt: „Ne, ihr braucht nicht bezahlen." „Doch, doch." [...] Und ja, die waren auch sehr nett. Im Gegensatz zu den Russen, die dann freigelassen wurden aus der Kaserne und die sich dann scheinbar rächen wollten, an allen möglichen Leuten. Bei den Bauern, bei denen sie gearbeitet haben. [...] Die waren vor allem nämlich auf Schnaps aus.*[400]

Für die Zell-Weierbacher Dorfbevölkerung, insbesondere die Weinbaubetreibenden, dürfte eine der schwerwiegendsten Folgen der Besatzung gewesen sein, dass der Winzerkeller der WG vom 1. Mai 1945 an bis zum 1. April 1950 beschlagnahmt wurde, wie aus einer Restitutionsverfahrens-

Wartendes Lesegut bei der Anlieferung (StA OG „09/283-49 Weinlese 1953")

akte hervorgeht.[401] Es kam dazu, dass „die G. M. S. 609 den Keller besetzt hielt und damit war der Winzergenossenschaft der Zutritt zum [darüber befindlichen] Saal bezw. [sic] ein Verfügen über die in ihm befindlichen Möbel, [sic] unmöglich."[402] Des Weiteren hätten die französischen Besatzer die im Saal befindlichen Möbel – 100 Stühle, 10 große und fünf kleine Tische – für Festivitäten und derlei benutzt, zerstört oder gänzlich entwendet.[403] Für den Weinbau noch wichtiger waren aber die Entscheidungen der Besatzungsmacht die Vorräte der Genossenschaft im Keller betreffend. So gibt eine Restitutionsakte an, dass im Jahr 1948 1200hl lagernder Wein nach Rastatt ausgelagert werden sollte, um den

> *erwarteten reichlichen Ertrag der Weinlese 1948 im eigenen Haus unterzubringen. Entgegen dieser Zusage [der Franzosen] wurden dem Keller kurz vor der Weinernte weitere grössere Posten zugeführt, sodass die Genossenschaft gezwungen war, ca. 500hl. neuen Wein bei benachbarten Genossenschaften und Weingütern zu lagern,*[404]

was wiederum sehr kostspielig für die WG Zell-Weierbach war. Zudem musste sie aufgrund „des Fassraummangels grosse Posten Wein entgegen der sonstigen Gepflogenheiten unmittelbar nach der Ernte abstoßen“, was wiederum zu finanziellen Verlusten geführt habe[405] – vermutlich infolge eines übersättigten Marktes.

Zwar durfte die Zell-Weierbacher WG unter Aufsicht der Franzosen in dieser Zeit ihre Trauben verarbeiten, die wirtschaftliche Misere wurde aber dadurch verstärkt, dass der Betrieb um 18 Uhr[406] abends eingestellt werden musste, Geschäftsbeziehungen nach auswärts zerbrachen und Weine oft nicht fachgerecht behandelt wurden.[407] Der spätere Kellermeister Willi Litterst erinnert sich, dass „später [...] dann die Bediensteten von der WG mitgemacht“, also mitgearbeitet hätten, um den Betrieb aufrecht zu erhalten.[408]

Die Situation der WG Zell-Weierbach war nach dem Zweiten Weltkrieg eine andere als zu ihren Gründungsjahren: Aus der Not geboren bot die WG

1953 schien der Andrang zur Abgabe der Trauben nach dem Herbsten wieder groß, wie die zahlreichen Anhänger vor der WG belegen – ein Bild, das so ähnlich auch heute – 70 Jahre später – noch zu sehen ist (StA OG „09/283-35 Weinlese 1953“)

Zell-Weierbach im Nationalsozialismus einen Festsaal und präsentierte sich als Anschauungsbeispiel des deutschen Weines. Zumindest für die letzten Kriegsjahre sind unvollständige Zahlen vorhanden, was Anbaufläche, Ertrag und Qualität des dort produzierten Weines angeht. Die Wirren der Nachkriegszeit sorgten für eine gesellschaftliche Umstrukturierung und notgedrungene Anpassung der Dorfbevölkerung an die Besatzungsmächte – was auch Einfluss auf das markanteste landwirtschaftliche Produkt des Ortes hatte.

Kontinuitäten und Brüche waren ebenso in der personellen Komponente der WG vorhanden; während der Vorstandsvorsitzende Josef Kiefer (amtierend seit 1931) seinen Posten 1946 an Heinrich Falk übergab[409] und Franz Schäffner, der seit der Gründung 1923 Geschäftsführer war, 1947 durch Josef May abgelöst wurde, blieben der Aufsichtsratsvorsitzende Anton Broß und Kellermeister Georg Schindler, beide seit der WG-Gründung im Amt, bis ins Jahr 1951 auf ihren Posten[410]; die bekannte Aktenlage lässt keine Aussage über die ideologische Prägung dieser Personen zu – mit Ausnahme des bereits erwähnten Lehrers und NSDAP-Parteimitglieds Schäffners.

Schlussbetrachtung

Ziel der vorliegenden Arbeit war, zu analysieren, wie das NS-Regime im bei Offenburg gelegenen Dorf Zell-Weierbach Fuß fassen und handeln konnte und wie die landwirtschaftlich geprägte Bevölkerung des Ortes hiervon geprägt war. Die Kontinuitäten und Veränderungen hierbei wurden insbesondere unter dem Aspekt des für den Ort typischen Weinbau erörtert; es zeigten sich zudem verschiedene Aspekte, in denen das NS-Regime im Weinbau zum Tragen kamen. Die Quellenlage des in der ersten Hälfte des 20. Jahrhunderts etwa 2000 Menschen zählenden Ortes ist überschaubar, so wurden Dokumente zur hiesigen NSDAP-Ortsgruppe am Ende des Krieges vernichtet. Dennoch existieren zahlreiche schriftliche Zeugnisse; im Rahmen der Oral History wurden überdies eine Reihe von Gesprächen mit Zeitzeug:innen geführt, die diese Dokumente um wertvolle Informationen ergänzten.

Zell-Weierbacher Wein lässt sich aufgrund der Bodenbeschaffenheit der Region Ortenau identifizieren als Qualitätswein und damit abgrenzen vom Quantitätswein. Bereits in den 1920er Jahren erfolgten Maßnahmen, um deutschen Wein zu fördern und propagieren, mit dem Weinbauinstitut in Freiburg wurde eine entsprechende Einrichtung in Baden geschaffen. Dies zeigt die institutionalisierten Fördermaßnahmen auf, die in der Weimarer Republik zum Tragen kommen konnten, um die deutsche Wirtschaft zu unterstützen.

Die Entwicklung des Weinbaus selbst lässt sich mittels der jährlichen Herbstberichte ablesen. In ihnen wurde festgehalten, wie groß die jeweils für den Weinbau genutzte Bodenfläche im Ort insgesamt war. Anhand dieser Entwicklung konnten Thesen der älteren Forschung zur Anbaufläche in Abhängigkeit des Elsasses als Absatzmarkt revidiert werden. Die Zahlen für die Zeit der Weimarer Republik stagnierten, es gab landwirtschaftliche und gesellschaftliche Probleme: Infolge von Erbteilungen wurden die sich in Privatbesitz befindlichen landwirtschaftlich-genutzten Grundstücke in den Rebbergen zu immer kleineren Parzellen. Hierdurch und infolge der wirtschaftlichen Entwicklungen nach dem Ersten Weltkrieg gerieten viele Weinbaubetreibenden vermehrt in eine finanzielle Misere. Zugleich litt der Ertrag der Reben unter den Folgen von Wettereinflüssen, Pilzen und Schädlingen wie der Reblaus. Konkrete Mengenangaben der jährlichen Erträge gehen aus den Unterlagen des GA ZW nicht hervor, was weitere Schlussfolgerungen nicht zulässt.

1923 fand infolge der internationalen Auseinandersetzungen des Deutschen Reichs mit Frankreich die Besetzung des Offenburger Bahnhofs statt. Hierunter litten die weinbaubetreibenden Menschen des Reblandes, da viele von ihnen als Arbeiterbauern in der Stadt Nebenbeschäftigungen nachgingen, insbesondere bei der Reichsbahn. Die wirtschaftliche Misere dieser Menschen wurde verstärkt durch die marktwirtschaftliche Abhängigkeit von Weinhändlern, den sogenannten Küfern. Diese konnten Preisforderungen für Wein nach eigenem Belieben gestalten, was insbesondere zu Zeiten der Hyperinflation unprofitable Verkäufe für die Weinanbauenden bedeutete.

Es zeigt sich eine gewisse Anpassungsfähigkeit der dörflichen Gesellschaft an die damaligen Probleme; überwunden werden konnte die Notsituation 1923 durch die Gründung der WG ZW. In ihr waren die Weinbaugenoss:innen strukturell organisiert und weniger von den Küfern abhängig. Geschäftsführer der WG war der Lehrer Franz Schäffner, er förderte den Weinbau im Ort 1922 durch das Lehren von Arbeitsschritten in der ehemaligen Gaststätte „Zum Bad“ und war zudem eine der treibenden Kräfte der WG – auch während des NS, welchem er als NSDAP-Parteimitglied seit 1937 und Angehörigem der Nationalsozialistischen Volkswohlfahrt und dem Nationalsozialistischen Lehrerbund seit 1934 nahestand. Es zeigt sich hieran eine der konkreten personellen Verbindungen zwischen NS und Weinbau in Zell-Weierbach.

Der Weinbau war dennoch keine leichte Arbeit, die meisten ihn Betreibenden gehörten auch in den 1920er und 1930er Jahren zur armen Bevölkerung. Häufig musste die gesamte Familie in der Landwirtschaft mithelfen, hierzu wurden auch Nutztiere herangezogen. Es zeigt sich am Verkauf von beispielsweise Rindern eine der wenigen Verbindungen jüdischen Lebens mit dem katholisch geprägten Zell-Weierbach: So kamen jüdische Händler, den Erinnerungen der Zeitzeug:innen nach, in die Dörfer des Reblandes, um Vieh zu handeln und gleichzeitig Geldkredite zu gewähren.

Trotz tierischer und menschlicher Hilfe waren die Weinbaubetreibenden dazu genötigt, viel Geld, Arbeitszeit und -kraft in die Reben zu investieren, wobei nicht immer damit gerechnet werden konnte, ein befriedigendes Ergebnis an Qualität und Quantität zu erzielen. Die Qualität der einzelnen Jahrgänge an Wein schwankte und nicht immer ließen sich alle getätigten Ausgaben wieder erwirtschaften. Die dörfliche Bevölkerung war daher umso mehr auf weitere finanzielle Standbeine angewiesen; sei es als Arbeiterbauern oder mittels breiter aufgestellter Landwirtschaft, in der verschiedene Erzeugnisse angebaut und produziert wurden. Der Vertrieb dieser geschah zunehmend in Eigenregie in saisonal begrenzt geöffneten Straußwirtschaften. Hierdurch konnten die Lebensmittel im eigenen Haus oder Hof verkauft werden, was die Haushaltskasse zumindest ansatzweise auffüllen konnte. Der so privat vertriebene Wein konnte dann allerdings keinen Umsatz in den verschiedenen hauptberuflich betriebenen Gaststätten des Ortes generieren, was mit ein Grund für die deren Abnahme gewesen sein dürfte.

Die dörfliche Bevölkerung in Zell-Weierbach am Ende der 1920er und Beginn der 1930er Jahre war wirtschaftlich und gesellschaftlich erschöpft. Missmut über die traditionellen Institutionen der Politik und Religion machte sich stellenweise breit, bei den Reichstagswahlen bis 1932 war allerdings die traditionell im Ort gewählte katholisch-orientierte Zentrumspartei stets Wahlsiegerin.

Der NS als antidemokratische, faschistische und militante Strömung wurde von vereinzelten Akteuren bereits in den 1920er Jahren im Ort verfolgt und durch die Ortsgruppe in Offenburg wurde 1936 ein NSDAP-Bürgermeister im Ort eingesetzt. Bei den Landwirtschaft Betreibenden stieß die Partei aber auf wenig Interesse, so lassen sich lediglich sechs von 137 hauptberuflich in der Landwirtschaft Tätigen als NSDAP-Mitglieder nachweisen. Die Dunkelziffer dürfte jedoch höher liegen, insbesondere aufgrund von Leugnungen nach dem Ende des Zweiten Weltkrieges und nicht erfasster Personen, die 1945 nicht mehr im Ort lebten.

Wie viele lokal ansässige Parteimitglieder nebenberuflich Landwirtschaft betrieben, lässt sich nicht nachvollziehen. Unter dem Hakenkreuzbanner des NS-Regimes kam es zur Enteignung eines Weinberges, der einer in Hessen lebenden jüdischen Familie gehörte, zudem wurde eine in Offenburg ansässige jüdische Familie um den Besitz einer Wiese auf Zell-Weierbacher Gemarkung gebracht. Auch die Täterseite lässt sich im Ort nachweisen: In den Gaststätten des Reblandes fiel Franz Leier, SS-Obersturmführer und Offenburger Schlachthofleiter auf, da er im – womöglich vom Zell-Weierbacher Wein verursachten – Alkoholrausch dort regelmäßig auf- und ausfallend wurde.

Dass der NS in Zell-Weierbach gesellschaftlich etabliert war, zeigt eine Fotografie aus der hiesigen WG von 1937: Neben bunt verziertem Dekor hängt in der Halle der WG eine großdimensionierte Hakenkreuzfahne. Diese und ähnliche im Ort nachweisebare Geschehnisse und vollzogene strukturelle Veränderungen zeigen, dass und wie der Nationalsozialismus im Weinort Zell-Weierbach verwurzelt werden und in der dörflichen Gesellschaft gedeihen konnte.

Mit dem Ausbruch des Zweiten Weltkrieges wurden die wehrfähigen Männer des Dorfes nach und nach an die verschiedenen Fronten einberufen, darunter waren viele Landwirte. Zur gleichen Zeit wandten sich immer mehr Menschen ganz oder teilweise von der Landwirtschaft ab und suchten Beschäftigungsverhältnisse in der Industrie Offenburgs. Es wundert daher wenig, dass die Anbaufläche des Weines in Zell-Weierbach von 1939 zu 1940 fast halbiert wurde.

Die im Weinbau und in den Familien fehlenden Männer konnten durch das Neuverteilen der Aufgaben in Familie und Landwirtschaft ansatzweise kompensiert werden – so lässt sich zumindest für die Zeit von 1940 bis 1942 eine beständige Vergrößerung der Weinbauflächen konstatieren, wenn auch die Vorkriegszahlen nicht erreicht werden konnten. Grund hierfür könnte die wirtschaftliche Situation des gesamten Reiches sein, da Wein im Gegensatz zu anderen landwirtschaftlichen Produkten womöglich weniger gefordert und gefördert wurde und zudem aus den besetzten Gebieten im Ausland unrechtmäßig importiert werden konnte.

Diesen Veränderungen im Weinbau wurde notgedrungen und im Zuge der rassistischen NS-Politik versucht entgegenzuwirken. Konkret ist der Einsatz von Zwangsarbeitenden seit 1940 in Zell-Weierbach belegt, wobei das Dorf lediglich eines von mehreren Außenlagern des Stammlagers beherbergte, welches zunächst in Baden-Baden und ab 1942 in Offenburg eingerichtet worden war.

Die Verbindung von NS-Doktrin und Weinbau gipfelte in den den verschiedenen Landwirtschaften zugeteilten Zwangsarbeitenden, deren Namen glücklicherweise im GA ZW und den Arolsen Archives erhalten sind. Mittels dieser ließen sich zwei Schicksale aus der Mitte der Dorfgesellschaft analysieren, die klar benennen, wie sich die NS-Doktrin auf die Lebenspraxis auswirken konnte.

Untersucht wurde das Schicksal von Jakob Moßmann, der nachweislich mindestens eine Zwangsarbeiterin in seiner hiesigen Landwirtschaft beschäftigte, aber mit der NS-Justiz aufgrund regimekritischer Äußerungen in Konflikt geriet. Er lässt sich sowohl als Nutznießer als auch als Opfer des Systems bezeichnen, wobei seine Haftstrafe aufgrund der äußeren Einwirkungen der alliierten Fliegerangriffe stark verkürzt wurde. Moßmann sah sich selbst als Opfer des Regimes, verlor nach 1945 jedoch in einem Restitutionsverfahren.

Dahingegen waren die tatsächlichen Opfer des NS zumeist diejenigen, die keine Möglichkeit mehr hatten, auf Entschädigung zu hoffen. So auch die vormals in Zell-Weierbach bei einem Landwirt beschäftigte Osteuropäerin Ulia respektive Ulla oder Olga Harbus. Sie kam als „Displaced Person" nach der Befreiung Offenburgs und seiner umliegenden Gemeinden im April 1945 in ein Sammellager in der vormals durch die Wehrmacht genutzten Ihlenfeldkaserne. Dort detonierten am 4. Mai mehrere mit Zeitzündern versehene Sprengsätze, wodurch 114 Personen starben, darunter auch Harbus, die eine Tochter hinterließ.

Die direkten Folgen des NS-Regimes zeigen sich an dem Schicksal der beiden: Hätte Harbus keine Zwangsarbeit in Zell-Weierbach und dessen Landwirtschaft, womöglich auch im Weinbau, verrichten müssen, wäre sie nicht in das Lager der Ihlenfeldkaserne gekommen und hätte den Zweiten Weltkrieg vermutlich überlebt. Diese Überlegungen zeigen die Grausamkeit auf, die im Zusammenhang mit dem Weinbau in Zell-Weierbach unter dem Banner des Hakenkreuzes bestand.

Das Ende des Krieges bedeutete für die Dorfbevölkerung in Zell-Weierbach ein vorläufiges Ende ihres Betriebes der WG, da die französischen Besatzungstruppen diese über mehrere Jahre beschlagnahmten und den dortigen Betrieb regulierten. Die Beibehaltung und Neubesetzung verschiedener Posten in der WG seit ihrer Gründung 1923 über den NS hinaus in die demokratischen Verhältnisse nach 1945 stehen beispielhaft für die Kontinuitäten und Brüche des im Ort betriebenen Weinbaus und seiner Bevölkerung.

Die vorliegende Untersuchung beschäftigte sich in erster Linie mit den Aspekten des Weinbaus in Zell-Weierbach und der dörflichen Bevölkerung um die Zeit des Nationalsozialismus. Der umfangreiche Quellenkorpus böte die Möglichkeit einer ausführlicheren Beschäftigung mit dem NS und dem dörflichen Leben an sich. So ließen sich lokale politische Entwicklungen der 1930er Jahre anhand der Unterlagen zum Gemeinderat und anderen Ämtern untersuchen.[411]

Auch existieren zahlreiche Dokumente zur Nachkriegszeit und französischen Besatzung ab 1945.[412] Diese Quellen haben kaum oder keinen konkreten Bezug zum Weinbau, weswegen sie in diese Arbeit nicht miteinbezogen wurden. Die Schicksale der in Zell-Weierbach Zwangsarbeitenden, deren Verhältnis zur dörflichen Bevölkerung und die Frage der Wiedergutmachung ihrer Leiden durch die Bundesrepublik Deutschland sind Desiderate, die Potential für weitere Forschungen böten; aufgrund der schwierigen Quellenlage und des stark lokalbezogenen Aspektes wohl aber von der Geschichtswissenschaft unbeachtet bleiben werden – zumal knapp 80 Jahre nach Kriegsende nur noch die wenigsten dieser Personen leben dürften. Dennoch konnte diese Arbeit erörtern, dass es Zwangsarbeit und andere Opfer des NS im dörflichen Zell-Weierbach gab – womit ein erster Schritt der Aufarbeitung dieser Verbrechen gegangen wurde.

Allerdings ist das Verhältnis des Gedenkens und Erinnerns, aber ebenso die Aufarbeitung der Zeit des Nationalsozialismus' und des Zweiten Weltkriegs in Zell-Weierbach seit jeher als ambivalent zu bewerten, wenn etwa den gefallenen Soldaten aus dem Ort öffentlich gedacht wird, nicht aber den vom NS-Regime verfolgten Bewohner:innen und den nach Zell-Weierbach verschleppten Zwangsarbeiter:innen.

Abschließend bleibt zu sagen, dass die These von Sina Fabian, dass „die Nationalsozialisten mithilfe von Alkohol regierten“[413], belegt und um den Zusatz ergänzt werden kann, dass der NS auch dazu beitrug, den Anbau, Vertrieb und Konsum von Alkohol zu fördern. Der eigentlich auf den ersten Blick unpolitische Weinbau in Zell-Weierbach war eng mit dem NS und noch enger mit den Geschehnissen des Zweiten Weltkrieges verknüpft.

Anhang

Archivalische Quellen

Bundesarchiv Militärarchiv Freiburg (BArch)

BArch, RH 11–III/709 „Bd. 112: Kartenblatt 7513 Offenburg. 1. Aug. 1944".

Staatsarchiv Freiburg (StAF)

„A 43/1 1992. Gewaltsamer Tod des Volksschülers Herbert Kornmeier aus Zell Weierbach am 10.8.1944 durch Luftangriff. 1944".
„A 47/1 2333. Angeklagter Mossman, Jakob. 1940–1945".
- „Anklage".
- „13. Dezember 1945".

„B 728/1 2530. Ortsbereisungen. 1852–1878".
„B 728/1 4103. Besetzung der Stadt Offenburg durch die Franzosen. 1923–1924."
„B 728/1 6050. Hybriden-Kataster. 1933–1934".
- „Rebgemarkung Zell-Weierbach Amt Offenburg".

„B 728/1 10220. Den Gemeinderat betr. 1865–1934".
„B 728/1 10226. Die Ortsbereisungen betr. 1894–1928".
- „Ortsbereisung in Zell-Weierbach am 8. Mai 1922".
- „Tagebuch über die am 30. November 1935 in Zell/Weierbach vorgenommene Ortsbereisung".
- „Tagebuch über die am 14. Januar 1938 vorgenommene Ortsbereisung".

„B 728 1/10227. Die Versorgung der Gemeinde Zell-Weierbach mit elektrischer Energie betr. 1913–1919".

„B 728/1 10230. Den Ankauf des Gasthauses zum ‚Bad' in Zell-Weierbach durch die Gemeinde allda betr. 1920–1922".
„B 821/2 19149. Heil- und Pflegeanstalt Illenau: Dold, Lina, geb. 1910".
„D 5/1 2182. Winzergenossenschaft Zell-Weierbach Entschädigungsgericht 1950".

- „Bewertungsgutachten, 17.6.50".
- „Entschädigungsantrag, 12. März 1951".
- „Begründung der Höhe des Schadens (o. D.)".

„D 5/1 2183. Winzergenossenschaft Zell-Weierbach Entschädigungsgericht. 1950".

- „26. Juni 1950".

„D 180/2 10864. Schäffner Franz. 1947".
„D 180/2 46527. Protokoll Leitermann Richard, 21. April 1948".
„F 168/2 229. Hauser Jack gegen Dr. Leier Franz wegen Rückgabe geraubten Vermögens, 1949".
„F 168/2 705. Hollaender, Trude geb. Kahn, Dr., Longmeadow (USA) gegen Land Baden wegen Rückerstattung von entzogenen jüd. Vermögensobjekten, hier: Ackerland in Zell-Weierbach, Loh. 1949–1951."
„F 168/2 924. Isidor Oppenheimer Erben gegen Land Baden wegen Rückerstattung. 1949–1950".

- „Gütliche Vereinbarung, 10. Juni 1950".
- „12. Dezember 1949".

„F 176/1 773. Dr. Arthur Schreck, Dr. Ludwig Sprauer wegen Verbrechens gegen die Menschlichkeit (Euthanasie). 1940–1947".
„F 196/1 1885. „Entschädigungssache Mossmann Jakob. 1950–1959".
"Durch die Untersuchungshaft erfolgten Schäden stellt sich zusammen wie folgt:"

- "Beschluss vom 5. Juni 1951".

„N 210/2 20. Freiwilliger Arbeitsdienst. D. J. K. Zell-Weierbach: Herrichtung des Sportplatzes der D. J. K. auf Gemarkung Rammersweier."

Generallandesarchiv Karlsruhe (GLAK)

„233 42136. Verleihung des Ritterkreuzes des Ordens vom Zähringer Löwen und der silbernen Verdienstmedaille am Bande der militärischen Karl-Friedrich-Verdienstmedaille. 1916".
„235 35587. Tätigkeit der Katholischen Jugendorganisation im Kreisschulamtsbezirk Offenburg, insbesondere die Abhaltung eines Elternabends der Katholischen Jungschar am 8. Juli 1935 in Zell-Weierbach unter Beteiligung des Diözansscharführers Hans Schülle, geb. 6.4.1907 in Mainz, von Oberkirch. 1935" „507 1247. Fischer, Erwin Karl. 1937–1959".
„507. Sondergericht Mannheim. 1933–1945".

- „1248. Fischer, Erwin Karl. 1937–1959".
- „6387. Anzeige gegen Sebastian Bieser. 1936".
- „7390 Schwendemann, Georg. 1937".

Kreisarchiv des Ortenaukreises (KAO)

„OG-Zell VI. Gemeindeverwaltung".
„OG-Zell-5. Den Ratschreiberdienst betr., 1890–1965".
- „Auszug aus dem Strafregister, 28. JAN 1930".
- „Beschluß, 29.1.1930".

Stadtarchiv Offenburg (StA OG)

„5/5420. Die Bekämpfung der Reblaus- und Blattfallkrankheit usw. (Notlage im Rebbau) 1880–1934".
„5/6463."
- „Abt. II an 14./404, 22.6.1942"

„5/8947. Grundstückserwerbung von Glasmaler Otto Bieser Rammersweier Lgb.Nr. 3503 b Wiese bei Rammersweier. 1935/37".
„8/2386. Personalakten Dr. Franz Leier. Schlachthofdirektor. 1941–49".
- „Lebenslauf, 9. September 1941".
- „Dienstvertrag, 21. November 1941".
- „19. September 1944".
- „6. Oktober 1941".

„9/Nachlass Wacker".
- „Erklärung des Bürgermeisteramt's, 9. März 1951".

„13/116. 50 Jahre Winzergenossenschaft Rammersweier e. G. 1976".
„13/857. 100 Jahre Winzergenossenschaften in Baden 1981".
„13/870. 40 Jahre Winzergenossenschaft Fessenbach 1970".
„19/3/31–04. Weinbau an der Ahr 1936".
„30/622. Chronik Pfarrei Weingarten (Zeitungausschnitte)".
„122/36–74. Erteilung einer Erlaubnis zum Betrieb der Schank- und Speisewirtschaft ‚Brauerei Ehrhardt' in Offenburg-Zell-Weierbach, Weinstrasse 2 (o. D.)".
„Sei mir gegrüßt, Zell-Weierbacher!", in: Offenburger Tageblatt, 16. Mai 1938.

Gemeindearchiv Zell-Weierbach (GA ZW)

I. „Armenwesen".
- „4. Wohlfahrtserwerblose & Schnelldienst. 1881–1942".
- „7. Einzelfälle. 1910–1937".

IV. „Gemeindeverwaltung".

- „Abrechnungen".
- „2/21. Wahlen zu Gemeindeämtern. Gemeinderatswahl am 15.9.1946."
  - „Am 18. Juni 1946 1. Sichtung der Untersuchungskommission."

V. „Handel, Gewerbe, Kunst".

- „2/3b. Vorübergehende Wirtschaftsschließung und Geschäft. 1947–49".
- „2/8. Betrieb der Schankwirtschaft mit Branntweinschank ‚Zum Riedle'. 1874–1929".
- „2/26. Betrieb einer alkoholfreien Wirtschaft im Riedle, Haus Nr. 84. Betrieb des Kaffees Waldlust. 1926–1938."
- „2/28. Vollzug des Gaststättengesetz. Betrieb von Strausswirtschaften. 1928–1948".
  - „29. Oktober 1928".
  - „18. September 1929".
  - „21. Januar 1930".
  - „1. Oktober 1930".
  - „20. Januar 1931".
- „2/30. Strausswirtschaften 1930–1948".
  - „7. März 1930".

VII. „Landwirtschaft, Tierzucht, Veterinärwesen".

- „1/12. Die Anpflanzung von Amerikanerreben betr. 1908–1945".
  - „Anbau von fremdländischen Bastardreben, 20. Dezember 1930".
- „1/16. Die Neuanlage von Reben. 1915–1944".
  - „Bericht, 30. März 1924".
  - „Umstellung von Rebland in Frühobstbau (o. D.)".
  - „Die wirtschaftliche Bedeutung des Rebschutzes in Deutschland. 1941".
- „1/17b. Ermittelung der landwirtschaftlichen Bodenbenützung, Saatenstands- u. Erntestatistik betr. 1920–1949".
- „1/18. Die Förderung des Weinbaus betr. 1918–1950".
  - „Die Bekämpfung der Reblaus, 9. März 1922".
- „1/25. Erfassung und Ablieferung von Wein und Schnaps. 1945–1948".

IX. „Militär- und Kriegswesen".

- „4. Kriegsgefangene und ausländische Arbeitskräfte betr. 1940–1944".
  - „15. Oktober 1942".
- Ordner „026 Kriegssachen (o. D.)".
  - „Religiöse Situation, 30. Oktober 1945".
  - „Erfassung von Parteiwohnungen. 1946".
  - „Weinbestandserhebungen in den Gastwirtschaften 1946".
- „Ostarbeiter (Russen) Abrechnung, Nachzahlungslisten u. s. w. 1945".
  - „Arbeitgeber: Name der Russen:".
  - „13. August 1943".

- „o. T. (Listen Zwangsarbeiter) (o. D.)".
  - „betr. Unterkunft. (o. D.)".
  - „Verpflegung eines Kriegsgefangenen in der Sonne. (o. D.)".
- „Vernehmungsprotokoll der französischen Besatzungsmacht Ortskommandantur Zell-Weierbach (o. D.)".

„026/196 Erfassung und Zerstörung der Luftschutzräume (o. D.)".
„141/3. Mitwirkung der Gemeinde beim Vollzug der Anordnungen über Auflösung der ehem. NSDAP u. ihrer Gliederungen u. Verbände, sowie bei der Anmeldung, Sicherstellung u. Verwertung des Vermögens (o. D.)".
- „11. Juli 1950".

„141/31. Rassisch, politisch und religiös verfolgt gewesene Personen, Opfer des Nationalsozialismus, Vereinigung der Verfolgten des Naziregime. (o. D.)".
„410/7–8. Offene Fürsorge/Beschädigtenfürsorge, Kriegsbeschädigte, Kriegshinterbliebene u. Schwerbeschädigte (o. D.)".
- „Vorschlagsliste für die Betreuung von unter Kriegsfolgen leidenden Kindern. 30. Sept. 1952".

„410/15. Rentenanträge der Kriegsbeschädigten- [sic!] und Kriegshinterbliebenen (o. D.)".
„446/3–7. Umsiedlungs- und Flüchtlingswesen als Kriegsfolge. (o. D.)".
Baugesuche.
- „Baubescheid 22. November 1938".

Gedenktafel „Gefallen im II. Weltkrieg (o. D.)".
Mitteilungsblatt der Ortsverwaltung Zell-Weierbach, 9.4.2021.
Mitteilungsblatt der Ortsverwaltung Zell-Weierbach, 1.7.2022.
Ordner „WG Anfang–2009".
- „Foto 1937".

Interviews im Gemeindearchiv Zell-Weierbach (GA ZW)
Basler, Rudolf: Interview mit Friedrich Falk, Zell-Weierbach 29.7.2014.
Basler, Rudolf: Interview mit Hermann Falk, Zell-Weierbach 7.12.2012.
Basler, Rudolf: Interview mit Irmgard Ruf, Zell-Weierbach 16.4.2013.
Pfaff, Leon: Interview mit Artur Litterst, Zell-Weierbach 25.8.2020.
Pfaff, Leon: Interview mit Bruno Ehrhardt, Zell-Weierbach 28.4.2021.
Pfaff, Leon: Interview mit Bruno Ehrhardt (2), Zell-Weierbach 28.4.2021.
Pfaff, Leon: Interview mit Herbert Näger und X, Zell-Weierbach 17.8.2021.
Pfaff, Leon: Interview mit Herbert Pfaff, Rammersweier 2.9.2020.
Pfaff, Leon: Interview mit Falk, Theodor, Alfred und Anonym, Zell-Weierbach 18.8.2020.
Pfaff, Leon: Interview mit Karola und Oswald Basler, Zell-Weierbach 27.10.2020.
Pfaff, Leon: Interview mit Paul Sälinger, Zell-Weierbach 16.10.2020.

Pfaff, Leon: Interview mit Walter Fuchs, Bühl 23.10.2020.
Pfaff, Leon: Interview mit Willi Litterst, Zell-Weierbach 13.10.2020.
Pfaff, Leon: Interview mit X, Zell-Weierbach 23.9.2020.
Pfaff, Leon: Interview mit X & Y, Zell-Weierbach 9.10.2020.
Pfaff, Leon: Interview mit X & Y 3, Zell-Weierbach 9.10.2020.
Pfaff, Leon: Interview mit Y, Zell-Weierbach 6.7.2021.

Bad Arolsen Archives

„Dokumente Zell-Weierbach" ITS Digital Archive, Arolsen Archives.
„Frederic Bato" ITS Digital Archive, Arolsen Archives.

Centre des Archives diplomatiques du ministère des Affaires étrangères

Archives de l'Occupation française en Allemagne et en Autriche Paris „BADE 740 Dr. Leier, Franz".

- „Protokoll, 29.6.1948".

U. S. National Archives

National Archives Catalog „Missing Air Crew Report Number 5325. 1944".

Internetquellen

„Badnerlied inoffizielle Strophen", in: Feuerwehr Elgersweier; URL: https://feuerwehr-elgersweier.de/wp-content/uploads/2012/07/Badnerlied-inoffizell.pdf [zuletzt aufgerufen am 05.10.2022, 17.13 Uhr].
„Die Begräbnisstätte für die Opfer der Gewaltherrschaft 1933–45", in: Offenburg; URL: https://offenburg.de/media/download/variant/72179/qr-text-final_friedhof-grabfeld-19a_270721.pdf [zuletzt aufgerufen am 5.10.2022, 19.57 Uhr].
„Engehausen, Frank: Lediglich nominelles Mitglied der NSDAP oder ‚ehrlicher Anhänger des Führers'? Zur Parteimitgliedschaft des Gymnasialdirektors Kurt Jacki. 26. Oktober 2018", in: Geschichte der Landesministerien in Baden und Württemberg in der Zeit des Nationalsozialismus; URL: https://ns-ministerien-bw.de/2018/10/lediglich-nominelles-mitglied-der-nsdap-oder-ehrlicher-anhaenger-des-fuehrers-zur-parteimitgliedschaft-des-gymnasialdirektors-kurt-jacki/ [zuletzt aufgerufen am 6.10.2022, 20.32 Uhr].
„Geschichte", in: Weinmanufaktur Gengenbach; URL: https://www.weinmanufaktur-gengenbach.de/de/geschichte.html [zuletzt aufgerufen am 6.10.2022, 12.18 Uhr].
„Gesetz, betreffend die Bekämpfung der Reblaus", in: Wikisource; URL: https://de.wikisource.org/wiki/Gesetz,_betreffend_die_Bek%C3%A4mpfung_der_Reblaus [zuletzt aufgerufen am 5.10.2022, 23.54 Uhr].

„Makro-/Meso-/Mikroebene“, in: Bundeszentrale für politische Bildung; URL: https://www.bpb.de/kurz-knapp/lexika/politiklexikon/296425/makro-meso-mikroebene/ [zuletzt aufgerufen am 5.10.2022, 17.51 Uhr].

„Historie“, in: Zell-Weierbach; URL: https://zell-weierbach.de/gemeinde/geschichte/historie [zuletzt aufgerufen am 5.10.2022, 18.46 Uhr].

„Karl Lucke“, in: Wikipedia; URL: https://de.wikipedia.org/wiki/Karl_Lucke [zuletzt aufgerufen am 6.10.2022, 19.47 Uhr].

„Kleinkaliber Schützenverein“, in: Zell-Weierbach; URL: https://zell-weierbach.de/vereine/kleinkaliber-sch%C3%BCtzenverein [zuletzt aufgerufen am 23.03.2023, 16.08 Uhr].

„Kurzportrait“, in: Arolsen Archives; URL: https://arolsen-archives.org/ueber-uns/kurzportraet/ [zuletzt aufgerufen am 5.10.2022, 20.00 Uhr].

„Institut für Nationales Gedenken (The Institute of National Remembrance, IPN)“, in: Bundesarchiv; URL: https://www.bundesarchiv.de/zwangsarbeit/archiv/archivdaten/index.html?id=1512 [zuletzt aufgerufen am 27.3.2023, 18.18 Uhr].

„Schriften & Bücher“, in: Gesellschaft für Geschichte des Weines e. V.; URL: https://www.geschichte-des-weines.de/schriften-buecher.html [zuletzt aufgerufen am 5.10.2022, 18.43 Uhr].

„Vor 80 Jahren: Überfall auf die Sowjetunion“, in: Bundeszentrale für politische Bildung; URL: https://www.bpb.de/kurz-knapp/hintergrund-aktuell/229431/vor-80-jahren-ueberfall-auf-die-sowjetunion/ [zuletzt aufgerufen am 6.10.2022, 21.59 Uhr].

„Weinbauinstitut“, in: Staatsweingut Freiburg; URL: https://staatsweingut-freiburg.de/weinbauinstitut/ [zuletzt aufgerufen am 5.10.2022, 21.59 Uhr].

„Wie wir Krieg und NS-Herrschaft erlebten | SWR Geschichte des Südwestens“, in: YouTube; URL: https://www.youtube.com/watch?v=zIzZU6Bjq3g&t=70s [zuletzt aufgerufen am 6.10.2022, 18.46 Uhr].

Zehnpfennig, Barbara: Hitlers ‚Mein Kampf‘ – ein unterschätztes Buch“, in: Bundeszentrale für politische Bildung; URL: https://www.bpb.de/themen/rechtsextremismus/dossier-rechtsextremismus/216612/hitlers-mein-kampf-ein-unterschaetztes-buch/ [zuletzt aufgerufen am 6.10.2022, 18.52 Uhr].

Literatur

Ackermann, Felix: „Der Genozid am Belarussischen Volk“ als politischer Diskurs und Strafverfolgungspraxis, in: Belarus-Analysen 56 (2021), S. 2–5.

Albinus, Torsten/Hafen, Thomas: Schwarzwälder Freilichtmuseum Vogtsbauernhof. Wie der Krieg nach Hause kam – Der Schwarzwald von 1939 bis 1945, in: Burkarth, Axel/Holtwick, Bernd (Hrsg.): Dorf unterm Hakenkreuz. Diktatur auf dem Land im deutschen Südwesten 1933 bis 1945, Ulm 2009, S. 119–139.

Assmann, Aleida: Zur Mediengeschichte des kulturellen Gedächtnisses, in: Erll, Astrid/Nünning, Ansgar (Hrsg.): Medien des kollektiven Gedächtnisses: Konstruktivität, Historizität, Kulturspezifität, Berlin/New York 2004, S. 45–60.

Bamberger, Werner: 50 Jahre Winzergenossenschaft Zell-Weierbach. Jubiläumstage vom 11. bis 13. Mai 1973, Endingen 1973.

Basler, Hartmut: Gastronomie, Handwerk und Gewerbe, in: Ortsverwaltung Zell-Weierbach (Hrsg.): celle und wigerbach damals – heute Zell-Weierbach, Offenburg 1988, S. 62.

Basler, Hartmut: Weinbau mit besonderem Stellenwert, in: Ortsverwaltung Zell-Weierbach (Hrsg.): celle und wigerbach damals – heute Zell-Weierbach, Offenburg 1988, S. 40–43.

Basler, Rudolf: Mit Sang und Klang. Von den Anfängen der Mandolinen- und Gitarrenmusik in Zell-Weierbach, Offenburg, Zell-Weierbach 2010.

Bauer, Theresia: Nationalsozialistische Agrarpolitik und bäuerliches Verhalten im Zweiten Weltkrieg. Eine Regionalstudie zur ländlichen Gesellschaft in Bayern, Frankfurt am Main 1996 (=Münchner Studien zur neueren und neuesten Geschichte, Band 14).

Benz, Wolfgang: Vom freiwilligen Arbeitsdienst zur Arbeitsdienstpflicht, in: Vierteljahrshefte für Zeitgeschichte 4 (1968), S. 317–546.

Blaschke, Anette: Zwischen „Dorfgemeinschaft" und „Volksgemeinschaft". Landbevölkerung und ländliche Lebenswelten im Nationalsozialismus, Paderborn 2018.

Bludau, Kuno: Nationalsozialismus und Genossenschaften, Basel 1968.

Blüthgen, Joachim: Die milden Winter, in: Geographische Zeitschrift 46 (12/1940), S. 434–451.

Bocks, Wolfgang/Bosch, Manfred: Fremd und nicht freiwillig Zwangsarbeit und Kriegsgefangenschaft in Rheinfelden/Baden und Umgebung 1940–1945, Rheinfelden (=Rheinfelder Geschichtsblätter 2) 1992.

Boll, Bernd: „Das wird man nie mehr los…" Ausländische Zwangsarbeiter in Offenburg 1939 bis 1945, Pfaffenweiler 1994.

Boll, Bernd: Fremdarbeiter in Offenburg, 1940–1945, Offenburg 1988.

Boll, Bernd: Krisen, Modernisierungen, Kriege. Die Jahre 1914 bis 1945, in: Huggle, Ursula/Rödling, Ulrike (Hrsg.): Unsere Heimat Buchenbach 1996, S. 405–431.

Bräunche, Ernst O.: Die NSDAP in Baden 1928–1933. Der Weg zur Macht., in: Schnabel, Thomas (Hrsg.): Die Machtergreifung in Südwestdeutschland. Das Ende der Weimarer Republik in Baden und Württemberg 1928–1933, Stuttgart 1928, S. 15–48.

Breckner, Roswitha: Von den Zeitzeugen zu den Biographen. Methoden der Erhebung und Auswertung lebensgeschichtlicher Interviews, in: Berliner Geschichtswerkstatt (Hrsg.): Alltagskultur, Subjektivität und Geschichte. Zur Theorie und Praxis von Alltagsgeschichte, Münster 1994, S. 199–222.

Breuer, Alexander: Die Familien des Offenburger Reblandes. Namen, Herkunft, Beruf, Lebensumstände, Zell-Weierbach 2021.

Bruder, Michael H.: „Ein aufmerksamer Wächter über die Zukunft der deutschen Lande am Rhein" – Die Hitler'sche Inspektion des Ortenauer Westwalls im Mai 1939 im Zeichen lokaler NS-Propaganda, in: Eisen, Markus/Neisen, Robert: Region und Grenze. Die Bedeutung der Grenze für die Geschichte Südbadens in der Zwischenkriegszeit, Freiburg 2013, S. 237–263.

Burkarth, Axel/Holtwick, Bernd (Hrsg.): Dorf unterm Hakenkreuz. Diktatur auf dem Land im deutschen Südwesten 1933 bis 1945, Ulm 2009.

Cabanes, Bruno/Duménil, Anne (Hrsg.): Der Erste Weltkrieg. Eine europäische Katastrophe, Bonn 2013.

Corni, Gustavo/Frizzera, Francesco: Erster Teil: Vom Ersten Weltkrieg bis zum Ende der Weimarer Republik, in: Möller, Horst (Hrsg.) (et al.): Agrarpolitik im 20. Jahrhundert. Das Bundesministerium für Ernährung und Landwirtschaft und seine Vorgänger, Berlin/Boston 2020, S. 11–101.

Denk, Berthold: Mech. Buntweberei Brennet. Im Dritten Reich, Wehr-Brennet 2014.

Dornheim, Andreas: Rasse, Raum und Autarkie. Sachverständigungsgutachten zur Rolle des Reichsministeriums für Ernährung und Landwirtschaft in der NS-Zeit, Bamberg 2011.

Eisele, Klaus/Scholtyseck, Joachim (Hrsg.): Offenburg 1919–1949. Zwischen Demokratie und Diktatur, Konstanz 2004.

End, Alfons/Hass, Ursula: Zell-Weierbach's Dorf-Geschichte. Erste Aufzeichnungen. Entstehung des Dorfnamens, Offenburg 2020.

Fabian, Sina: Inszenierter Frohsinn. Wein und „Volksgemeinschaft" im Nationalsozialismus, in: Historische Anthropologie 28 (2/2020), S. 270–294.

Falter, Jürgen W.: Hitlers Parteigenossen. Die Mitglieder der NSDAP 1919–1945, Frankfurt/New York 2020.

Falter, Jürgen W.: Hitlers Wähler. Die Anhänger der NSDAP 1924–1933. Überarbeitete und erweiterte Neuauflage, Frankfurt/New York 2020.

Franke, Nils: Der Westwall in der Landschaft. Aktivitäten des Naturschutzes in der Zeit des Nationalsozialismus und seine Akteure, Mainz 2015.

Fröba, Arno/Wein, Friedrich: Das Führerhauptquartier „Tannenberg" im Nordschwarzwald. Ein Beitrag zur Geschichte der deutschen Westbefestigungen, Königsfeld 2020.

Gall, Wolfgang M.: „Braune Spuren" – Karrieren städtischer NS-Eliten in Offenburg 1920–1960, in: Neisen, Robert/Maulhardt, Heinrich/Krimm, Konrad (Hrsg.): Kommunen im Nationalsozialismus. Verwaltung, Partei und Eliten in Südwestdeutschland, Ostfildern 2019 (= Oberrheinische Studien 38), S. 321–344.

Gall, Wolfgang Mathias: Dörfliche Lebenswelt in der Krise 1928–32. Zu den Auswirkungen der Weltwirtschaftskrise auf die Dorfbevölkerung sowie deren Deutungen und politische Reaktionen am Fallbeispiel badischer Rebgemeinden, Offenburg 1986.

Gall, Wolfgang M. (2018), Von der Schulbank zur NSDAP. Neue Erkentnisse zur Entstehungsgeschichte der Offenburger NSDAP (1922–1928), in: Haumann, Heiko/Schellinger, Uwe (Hrsg.): Vom Nationalsozialismus zur Besatzungsherrschaft (= Lebenswelten im ländlichen Raum / Historische Erkundungen in Mittel- und Südbaden, Bd. 3).

Gall, Wolfgang M./Gorka, Cornelius/Kauß, Dieter: Quellen in Ortenauer Kommunalarchiven zum Thema Zwangsarbeit, in: Die Ortenau. Veröffentlichungen des Historischen Vereins für Mittelbaden 82 (2002), S. 625–635.

Gall, Wolfgang M./Maier, Karl/Reininger, Mathias/Stude, Jürgen: Chronologie des Kriegsendes in der Ortenau – eine Dokumentation, in: Die Ortenau. Veröffentlichungen des Historischen Vereins für Mittelbaden 75 (1995), S. 555–604.

Garmatter, Ralf: Hohenloher Freilandmuseum. Ein kleiner Bauer bekommt großen Einfluss – Die Karriere des Friedrich Niklas aus Riedbach, in: Burkarth, Axel/Holtwick, Bernd (Hrsg.): Dorf unterm Hakenkreuz. Diktatur auf dem Land im deutschen Südwesten 1933 bis 1945, Ulm 2009, S. 49–67.

Gärtner, Karl: Heimatatlas der Südwestmark Baden, Karlsruhe 1934.

Gerhard, Gesine: Nie wieder Kohlrüben! Nationalsozialistische Ernährungspolitik im Zeichen des Zweiten Weltkrieges, in: zeitgeschichte 45 (3/2018), S. 273–291.

Glauning, Christine: Rassismus und Geschlechterdifferenz. Zwangsarbeit ausländlischer Frauen im Zweiten Weltkrieg, in: informationen 95 (2022), S. 18–21.

Goschler, Constantin: Schuld und Schulden. Die Politik der Wiedergutmachung für NS-Verfolgte seit 1945, Göttingen 2005.

Goschler, Constantin: Wiedergutmachung. Westdeutschland und die Verfolgten des Nationalsozialismus (1945–1954), München 1992.

Heberle, Rudolf: Landbevölkerung und Nationalsozialismus, Stuttgart 1963.

Heilbronner, Oded: The Failure That Succeeded: Nazi Party Activity in a Catholic Region in Germany, 1929–32, in: Journal of Contemporary History 27 (3/1992), S. 531–549.

Heizmann, Ludwig: Der Weinbau in Wissenschaft und Praxis im Kirchspiel Weingarten bei Offenburg, Offenburg 1924.

Heizmann, Ludwig: Die Klöster und Herrenhöfe im Kirchspiel Weingarten bei Offenburg in Baden, Offenburg 1924.

Heizmann, Ludwig: Weinbau des Winzers Freud und Leid. Chronik Weingarten in der Ortenau von Ludwig Heizmann, Offenburg 1913.

Hellwig, Wolfgang: Der Weinbau in Südwestdeutschland. Seine natürliche Abhängigkeit und wirtschaftliche Stellung, Tübingen 1955.

Helms, Isabell: Zwangsarbeit in Industrie und Landwirtschaft. Erinnerungen osteuropäischer Zwangsarbeiterinnen und Zwangsarbeiter, in: informationen 95 (2022), S. 27–31.

Herbert, Ulrich: Der „Ausländereinsatz". Fremdarbeiter und Kriegsgefangene in Deutschland 1939–1945 – ein Überblick, in: Beiträge zur nationalsozialistischen Gesundheitspolitik (Band 3). Herrenmensch und Arbeitsvölker, 1986 Berlin, S. 13–54.

Herbert, Ulrich: Fremdarbeiter. Politik und Praxis des „Ausländer-Einsatzes" in der Kriegswirtschaft des Dritten Reiches, Berlin/Bonn 1985.

Herbert, Ulrich: Wer waren die Nationalsozialisten? München 2021.

Hermanni, Dorothee: Die wirtschaftliche Entwicklung der Stadt Offenburg 1919 bis 1939, in: Eisele, Klaus/Scholtyseck, Joachim (Hrsg.): Offenburg 1919–1949. Zwischen Demokratie und Diktatur, Konstanz 2004, S. 103–134.

Herrmann, Klaus: Deutsches Landwirtschaftsmuseum Hohenheim. „Maschinen braucht das Land" – Die Mechanisierung der südwestdeutschen Landwirtschaft 1933 bis 1945, in: Burkarth, Axel/Holtwick, Bernd (Hrsg.): Dorf unterm Hakenkreuz. Diktatur auf dem Land im deutschen Südwesten 1933 bis 1945, Ulm 2009, S. 157–175.

Hettinger, Annette/Brenneisen, Marco: NS-Zwangsarbeit im deutschen Südwesten – Entwicklung, Bedingungen und Erinnerung, in: Steinbach, Peter/Stöckle, Thomas/Thelen, Sibylle/Weber, Reinhold (Hrsg.): Entrechtet – verfolgt – vernichtet. NS-Geschichte und Erinnerungskultur im deutschen Südwesten, Stuttgart (=Schriften zur politischen Landeskunde Baden Württembergs Band 45) 2016, S. 377–411.

Hildenbrand, Manfrag: 1914 bis 1939. Zweimal Kriegsbeginn in der Kleinstadt Haslach i. K., in: Die Ortenau. Veröffentlichungen des Historischen Vereins für Mittelbaden 69 (1989), S. 377–404.

Hochstuhl, Kurt: Bitterer Wein. Protest gegen die Behandlung von Ostarbeiterinnen auf dem Blankenhornsberg bei Ihringen, in: Archivnachrichten 50 (2015), S. 24.

Hohbuß, Steffi: Mythos „Stunde Null", in: Fischer, Torben/Lorenz, Matthias N. (Hrsg.): Lexikon der „Vergangenheitsbewältigung" in Deutschland. Debatten- und Diskursgeschichte des Nationalsozialismus nach 1945, Bielefeld 2007, S. 42–43.

Holtwick, Bernd: Oberschwäbisches Museumsdorf Kürnbach, Bad Schussenried. Bauernkult und Leistungssteigerung. Die württembergische Landwirtschaft im Spannungsfeld von Ideologie und wirtschaftlichen Anforderungen, in: Burkarth, Axel/Holtwick, Bernd (Hrsg.): Dorf unterm Hakenkreuz. Diktatur auf dem Land im deutschen Südwesten 1933 bis 1945, Ulm 2009, S. 29–46.

Hönes, Ernst-Rainer: Vom Westwall zum „Grünen Wall im Westen", in: Natur und Recht 36 (8/2014), S. 532–542.

Husserl, Edmund: Phänomenologie der Lebenswelt Ausgewählte Texte Band II, Stuttgart 1986.

Ilgen, Volker: „D'unter Fabrik". Geschichte der Spinnerei und Weberei Offenburg, Offenburg 2017.

Jacobmeyer, Wolfgang: Vom Zwangsarbeiter zum Heimatlosen Ausländer. Die Displaced Persons in Westdeutschland 1945–1951, Göttingen 1985.

Jahn, Barbara: „Eine solche Armee besitzt der Feind nicht!" Die Jugend im Kriegseinsatz 1939–1945, in: Raasch, Markus (Hrsg.): Volksgemeinschaft in der Gauhauptstadt. Neustadt an der Weinstraße und der Nationalsozialismus, Münster 2020, S. 617–650.

Kalogrias, Vaios: Kriegsgefangene, Zwangsarbeiter und Volksgemeinschaft, in: Raasch, Markus (Hrsg.): Volksgemeinschaft in der Gauhauptstadt. Neustadt an der Weinstraße und der Nationalsozialismus, Münster 2020, S. 669–690.

Kalt-Jopen, Cornelia/Ruch, Martin: Wer liegt denn da? Persönlichkeiten auf dem Offenburger Waldbachfriedhof, Bühl 2017.

Klausing, Caroline: Die „Einordnung der Schüler ins Volksganze". Neustadter Schulen und ihre Rektoren zwischen Politisierung und nationalsozialistischem Zeitgeist, in: Raasch, Markus (Hrsg.): Volksgemeinschaft in der Gauhauptstadt. Neustadt an der Weinstraße und der Nationalsozialismus, Münster 2020, S. 167–190.

Kleinau, Elke/Schmid, Rafaela: „Ich bin nicht ehemaliges Besatzungskind, sondern ich bin es immer noch". Brüche und Inkosistenzen in Erzählungen von ‚professionellen' Zeitzeug_innen, in: BIOS 29 (2/2016), S. 241–252.

Kiefer, Walther: Der Weinbau in Baden in seinen geographischen Zusammenhängen, Heidelberg 1933.

Kitzing, Michael: Dr. Wolfram Rombach: „Von der Welle der Macht auf einen ihm nicht gemäßen Posten gespült", in: Proske, Wolfgang (Hrsg.): Täter Helfer Trittbrettfahrer. NS-Belastete aus Südbaden (Bd. 6), Gerstetten 2017.

Kladstrup, Don & Petie: Wein & Krieg. Bordeaux, Champagner und die Schlacht um Frankreichs größten Reichtum, Stuttgart 2002.

Knittel, Walter: Freilichtmuseum Neuhausen ob Eck. „Anders als in der Stadt!" Kindheit und Jugend unterm Hakenkreuz in württembergischen Dörfern, in: Burkarth, Axel/Holtwick, Bernd (Hrsg.): Dorf unterm Hakenkreuz. Diktatur auf dem Land im deutschen Südwesten 1933 bis 1945, Ulm 2009, S. 11–27.

Kogon, Eugen: Der SS Staat. Das System der deutschen Konzentrationslager, München 1946.

Koselleck, Reinhart: Kritik und Krise. Eine Studie zur Pathogenese der bürgerlichen Welt, Freiburg/München Zweite Auflage 1976.

Kotek, Joël/Rigoulot, Pierre: Das Jahrhundert der Lager. Gefangenschaft, Zwangsarbeit, Vernichtung Jahrhundert der Lager, Berlin/München 2001

Kreutz, Gernot: Geschichte des Ortenauer Weinbaus in Zell-Weierbach, Offenburg 1983.

Kreutz, Gernot: Vom Sprachgut der Rebbauern in Zell-Weierbach, Zell-Weierbach 1992.

Kreutz, Gernot: Zell-Weierbach zwischen Reben und Wald, Zell-Weierbach 2000.

Krieger, Christof: „Trinkt deutschen Wein!". Die Gründung des Reichsausschusses für Weinpropaganda in Mainz 1926, in: Matheus, Michael (Hrsg.): Weinkultur und Weingeschichte an Rhein, Nahe und Mosel, Stuttgart 2019, S. 105–124.

Kuhn, Daniel: Das Kriegsende im Südwesten: „Selbstermächtigung" und „Volksgemeinschaft", in: Steinbach, Peter/Stöckle, Thomas/Thelen, Sibylle/Weber, Reinhold (Hrsg.): Entrechtet – verfolgt – vernichtet. NS-Geschichte und Erinnerungskultur im deutschen Südwesten, Stuttgart (=Schriften zur politischen Landeskunde Baden Württembergs Band 45) 2016, S. 425–442.

Kuhn, Frieder: Die französische Besetzung von Offenburg 1923/24, in: Die Zeitschrift für die Geschichte des Oberrheins 125 (1977), S. 315–329.

Langthaler, Ernst: Schlachtfelder. Alltägliches Wirtschaften in der nationalsozialistischen Agrargesellschaft 1938–1945, Wien 2016.

Laumer, Angelika: „Er hat alles gekonnt, wenn's sein hat müssen, er war ein fleißiger Mann". Wie Kinder von ZwangsarbeiterInnen im ländlichen Bayern NS-Zwangsarbeit und deren Konsequenzen erinnern, in: Jahrbuch für Geschichte des ländlichen Raumes 11 (2014), S. 19–36, hier: S. 29.

Leonhard, Jörn: Der überforderte Frieden. Versailles und die Welt 1918–1923, München 2018.

Ley, Robert: Organisationsbuch der NSDAP, München 3. Auflage 1937.

Mahlerwein, Gunter: Die Moderne (1880–2010). Grundzüge der Agrargeschichte Band 3, Köln/Weimar/Wien 2016.

Martin, Benjamin G.: The Nazi-Fascist New Order for European Culture, London 2016.

Matheus, Michael: Weinkultur und Weingeschichte an Rhein, Nahe und Mosel, Stuttgart 2019.

Maurath, Max: Der mittelbadische Obst- und Weinbau. Erträge und Absatzverhältnisse, Heidelberg 1933.

Matiello, Gianfranco/Vogt, Wolfgang: Deutsche Kriegsgefangenen- und Internierteneinrichtungen 1939–1945 Band 1, Koblenz 1986.

Möller, Horst (Hrsg.) (et al.): Agrarpolitik im 20. Jahrhundert. Das Bundesministerium für Ernährung und Landwirtschaft und seine Vorgänger, Berlin/Boston 2020.

Müller, Karl: 10 Jahre Badisches Weinbauinstitut in Freiburg i.Br., Freiburg 1931.

Nath, Peter: Luftkriegsoperationen gegen die Stadt Offenburg im Ersten und Zweiten Weltkrieg, in: Die Ortenau. Veröffentlichungen des Historischen Vereins für Mittelbaden 70 (1990), S. 574–659.

Neisen, Robert: Gefeiert und gefürchtet. Die NS-Diktatur in Brombach, Haagen und Hauingen, Lörrach 2020 (= Lörracher Hefte 31).

Niethammer, Lutz (Hrsg.)/Trapp, Werner: Lebenserfahrung und kollektives Gedächtnis. Die Praxis der „Oral History", Frankfurt am Main 1980.

Noffke, Clara-Louise: Die Zukunft der Volksgemeinschaft. Kinder und Jugendliche in Hitlerjugend (HJ) und Bund Deutscher Mädel (BDM), in: Raasch, Markus (Hrsg.): Volksgemeinschaft in der Gauhauptstadt. Neustadt an der Weinstraße und der Nationalsozialismus, Münster 2020, S. 191–216.

O. A.: Festschrift zum 25jährigen Bestehen der Winzergenossenschaft eGmbh. Zell-Weierbach am 22. und 23. Oktober 1949, Rammersweier 1949.

Oehler, Christiane: Die Rechtsprechung des Sondergerichts Mannheim 1933–1945, Berlin 1997.

Ohr, Dieter/Wild, Anton/Zängle, Michael: Weimarer Wahlen in zwei Dörfern des badischen Grenzlandes: der Beitrag kleinräumiger Fallstudien zur Erklärung des Aufstiegs der NSDAP, in: Historical Social Research 17 (2/1992), S. 4–48.

Orth, Karin: Debatten über die „Kriegskinder", in: Orth, Karin/Wetzstein (Hrsg.): Kinder im Zweiten Weltkrieg. Spuren ins Heute, Freiburg 2016, S. 11–20.

Orth, Karin: Studentische Oral History-Interviews zu Nationalsozialismus und Zweitem Weltkrieg, in: BIOS 31 (1/2018), S. 45–54.

Ortsverwaltung Zell-Weierbach: celle und wigerbach damals – heute Zell-Weierbach, Offenburg 1988.

Oswald, Rolf/Hoferer, Egbert: Zwangsarbeit in Nordrach. Ein Beispiel für Zwangsarbeit im ländlichen Raum 1940–1945, Zell am Harmersbach 2015.

Paeffgen, Otto Peter: Zell-Weierbach. einst und jetzt, Offenburg 1974.

Peter, Roland: Rüstungspolitik in Baden. Kriegswirtschaft und Arbeitseinsatz in einer Grenzregion im Zweiten Weltkrieg, München 1995.

Pfaff, Leon: Nationalsozialismus und Naturdenkmäler: Vom „Bühlstein" und der „Teufelskanzel", in: Die Ortenau. Jahrbuch des Historischen Vereins für Mittelbaden 102 (2022), S. 379–404.

Pfaff, Leon: Zwischen Kriegen und Krisen: Der Kleinkaliberschützenverein und die NSDAP in Zell-Weierbach, in: Die Ortenau. Jahrbuch des Historischen Vereins für Mittelbaden 102 (2022), S. 335–356.

Pfaff, Leon: Zwischen Kriegen und Krisen: Der Kleinkaliberschützenverein und die NSDAP in Zell-Weierbach, unveröffentlichte Hausarbeit, 2021.

Quent, Matthias: Deutschland rechts außen. Wie die Rechten nach der Macht greifen und wie wir sie stoppen können, Bonn 2020.

Raasch, Markus (Hrsg.): Volksgemeinschaft in der Gauhauptstadt. Neustadt an der Weinstraße und der Nationalsozialismus, Münster 2020.

Reiter, Margit: Die Generation danach. Der Nationalsozialismus im Familiengedächtnis, Innsbruck 2006.

Rimbrecht, Maria: Das Phänomen Zwangsarbeit in der Erinnerung, in: Schanne-Raab, Gertrud/Arbeitskreis „Zwangsarbeit" VHS Zweibrücken: Für jeden sichtbar und doch vergessen. Zwangsarbeiter und Zwangsarbeiterinnen in Zweibrücken 1940–1945, St. Ingbert (=Zweibrücken unter dem Hakenkreuz Band 2) 2021, S. 9f.

Rimbrecht, Maria: Französische Kriegsgefangene und Zivilarbeiter: Die „endlich“ besiegten Franzosen müssen für den Feind arbeiten, in: Schanne-Raab, Gertrud/Arbeitskreis „Zwangsarbeit“ VHS Zweibrücken. Für jeden sichtbar und doch vergessen. Zwangsarbeiter und Zwangsarbeiterinnen in Zweibrücken 1940–1945, St. Ingbert (=Zweibrücken unter dem Hakenkreuz Band 2) 2021, S. 67–96.

Ringle, Günther: Verfremdung der Genossenschaften im Nationalsozialismus: Gemeinnutzvorrang und Führerprinzip, Wismarer Diskussionspapiere No. 01/2018.

Rohn, Jürgen: Genossen aus Not. 75 Jahre Winzergenossenschaft Zell-Weierbach, Zell-Weierbach 1998.

Ruch, Martin: Verfolgung und Widerstand in Offenburg 1933–1945, Offenburg 1995 (= Schriften zu Kultur und Geschichte 1).

Sälinger, Friedrich: Jugenderinnerungen eines Achtzigjährigen, in: Ortsverwaltung Zell-Weierbach (Hrsg.): celle und wigerbach damals – heute Zell-Weierbach, Offenburg 1988, S. 78–81.

Schanne-Raab: Vom Fremdarbeiter zum Zwangsarbeiter, in: Schanne-Raab, Gertrud/Arbeitskreis „Zwangsarbeit“ VHS Zweibrücken: Für jeden sichtbar und doch vergessen. Zwangsarbeiter und Zwangsarbeiterinnen in Zweibrücken 1940–1945, St. Ingbert (=Zweibrücken unter dem Hakenkreuz Band 2) 2021, S. 19–38.

Schanne-Raab, Gertrud/Sittinger, Helmut/Rimbrecht, Maria: Wirtschaftsstandort Zweibrücken: Harte Arbeit, wenig Lohn, in: Schanne-Raab, Gertrud/Arbeitskreis „Zwangsarbeit“ VHS Zweibrücken: Für jeden sichtbar und doch vergessen. Zwangsarbeiter und Zwangsarbeiterinnen in Zweibrücken 1940–1945, St. Ingbert (=Zweibrücken unter dem Hakenkreuz Band 2) 2021, S. 39–66.

Schwarze, Gisela: Kinder, die nicht zählten. Ostarbeiterinnen und ihre Kinder im Zweiten Weltkrieg, Essen 1997.

Schellenberg, Theodore R.: Die Bewertung modernen Verwaltungsschriftguts (Veröffentlichungen der Archivschule Marburg Nr. 17), Marburg 1990.

Schellinger, Uwe: Eine Kaserne und ihre Menschen. Dokumentation zu einem Ort Offenburger Geschichte, Offenburg (=Veröffentlichungen des Fachbereiches Kultur der Stadt Offenburg. Werkstattberichte aus dem Stadtarchiv III) 1998.

Schlie, Ulrich: Zweiter Teil: Das Reichsministerium für Ernährung und Landwirtschaft in der Zeit des Nationalsozialismus, in: Möller, Horst (Hrsg.) (et al.): Agrarpolitik im 20. Jahrhundert. Das Bundesministerium für Ernährung und Landwirtschaft und seine Vorgänger, Berlin/Boston 2020, S. 105–261.

Schmedding, Heinrich: Weinbau in Baden, Freiburg 1969.

Schmitz-Berning, Cornelia: Vokabular des Nationalsozialismus, Berlin 2. Auflage 2007, S. 26.

Schneider, Maxilene: NS-Zwangsarbeit auf dem Freiburger Grethergelände. Ausschnitt eines öffentlichen Massenverbrechens, Freiburg 2020.

Scholtyseck, Joachim: Offenburg in den Jahren der Weimarer Republik, in: Eisele, Klaus/Scholtyseck, Joachim (Hrsg.): Offenburg 1919–1949. Zwischen Demokratie und Diktatur, Konstanz 2004, S. 21–102.

Schönberger, Sophie: Was soll zurück? Die Restitution von Kulturgütern im Zeitalter der Nostalgie, München 2021.

Schramm, Manuel: Konsumgeschichte, Version 3.0, in: Docupedia-Zeitgeschichte, 2.9.2020.

Schüssele, Franz/Linder-Beroud, Waltraud: Das Badnerlied. Geschichte und Geschichten, Tübingen 2012.

Schwarz-Gräber, Ulrich: „Gläserne Bauern". Prinzipal-Agent-Probleme nationalsozialistischer Agrarpolitik am Beispiel der Regulierung der landwirtschaftlichen Pacht, in: zeitgeschichte 45 (3/2018), S. 319–341.

Stadtarchiv Offenburg: Untersuchung der Offenburger Straßennamen, Offenburg 2015.

Stargardt, Nicholas: Kinder in Hitlers Krieg, München 2008.

Steinbach, Peter/Stöckle, Thomas/Thelen, Sibylle/Weber, Reinhold (Hrsg.): Entrechtet – verfolgt – vernichtet. NS-Geschichte und Erinnerungskultur im deutschen Südwesten, Stuttgart (=Schriften zur politischen Landeskunde Baden Württembergs Band 45) 2016.

Stöckle, Thomas: Grafeneck 1940 – die Verbrechen von Zwangssterilisation und NS-„Euthanasie" in Baden und Württemberg 1933–1945, in: Steinbach, Peter/Stöckle, Thomas/Thelen, Sibylle/Weber, Reinhold (Hrsg.): Entrechtet – verfolgt – vernichtet. NS-Geschichte und Erinnerungskultur im deutschen Südwesten, Stuttgart (=Schriften zur politischen Landeskunde Baden Württembergs Band 45) 2016, S. 143–195.

Strobel, Karen/Zwerger, Brigitte: Betrachtungen und Quellenstudien zur frühen völkischen Bewegung in Mannheim bis 1922, Mannheim 2020.

Teuteberg, Hans-Jürgen: Die Rolle von Brot und Kartoffeln in der historischen Entwicklung der Nahrungsgewohnheiten, in: Ernährungs-Umschau 26 (5/1979), S. 146–154.

Thies, Jochen/Daak, Kurz von: Südwestdeutschland Stunde Null. Die Geschichte der französischen Besatzungszone von 1945–1948, Düsseldorf 1979.

Troßbach, Werner/Zimmermann, Clemens: Die Geschichte des Dorfes. Von den Anfängen im Frankenreich zur bundesdeutschen Gegenwart, Stuttgart 2006.

Türk, Henning: Forschung und Lehre in der Gauhauptstadt. Die staatliche Lehr- und Versuchsanstalt für Obst- und Weinbau, in: Raasch, Markus (Hrsg.): Volksgemeinschaft in der Gauhauptstadt. Neustadt an der Weinstraße und der Nationalsozialismus, Münster 2020, S. 435–448.

Völk, Malte: „Wenn sie die Augen schloss, fing sie an zu denken". Demenz in Biographie, Chronik und Tagebuch, in: BIOS 28 (1/2015), S. 102–118.

Wagner, Caroline: Die NSDAP auf dem Dorf – Eine Sozialgeschichte der NS-Machtergreifung in Lippe, Münster 1998.

Welzer, Harald: Das Interview als Artefakt. Zur Kritik der Zeitzeugenforschung, in: BIOS 13 (1/2000), S. 51–63.

Wennemuth, Udo: Die Religionsgemeinschaften in Baden in der ersten Hälfte des 19. Jahrhunderts zwischen Aufbruch und Beharrung, in: Zeitschrift für die Geschichte des Oberrheins 157 (2009), S. 315–341.

Westermann, Stefan: NS-Zwangsarbeit im lokalen Kontext – das Beispiel Baden-Baden, Heidelberg 2011.

Wildt, Michael: Generation des Unbedingten, Hamburg 2003.

Anmerkungen

1 „Die Ortenau, Jahrbuch des Historischen Vereins für Mittelbaden, 102. Jahresband 2022, S. 379–404 und S. 335–356.

2 Rohn, Jürgen: Genossen aus Not. 75 Jahre Winzergenossenschaft Zell-Weierbach, Zell-Weierbach 1998, S. 75. Obwohl „Kenner" hier in der maskulinen Form verwendet wird, zeigt die vorliegende Betrachtung, dass Menschen aller Geschlechter Bezug zum Wein im Ort hatten. In einer Alternativversion der Strophe findet sich das Wort „einen" durch „edlen" ersetzt, was ein Hinweis auf die Wahrnehmung der Qualitätsgüte des Zell-Weierbacher Weines darstellen könnte. Vgl. „Badnerlied inoffizielle Strophen (81.)", in: Feuerwehr Elgersweier; URL: https://feuerwehr-elgersweier.de/wp-content/uploads/2012/07/Badnerlied-inoffizell.pdf [zuletzt aufgerufen am 05.10.2022, 17.13 Uhr]. Der Sammler inoffizieller Strophen des Badnerliedes, Ossi W. Pink, verwies im Juni 2022 auf Anfrage darauf, dass seine Sammlung 1310 Strophen umfasst, sich die Zell-Weierbachs auch darin befindet und wohl von Rohn selbst gedichtet wurde.

3 Dass und wie der Weinbau bezeichnend für den Ort ist, zeigen verschiedene Publikationen. Vgl. Basler, Hartmut: Weinbau mit besonderem Stellenwert, in: Ortsverwaltung Zell-Weierbach (Hrsg.): celle und wigerbach damals – heute Zell-Weierbach, Offenburg 1988, S. 40–43. Sowie vgl. Paeffgen, Otto Peter: Zell-Weierbach. einst [sic!] und jetzt, Offenburg 1974, S. 90–106.

4 Vgl. Schüssele, Franz/Linder-Beroud, Waltraud: Das Badnerlied. Geschichte und Geschichten, Tübingen 2012, S. 26.

5 Vgl. GA ZW V. „Handel, Gewerbe, Kunst". Sowie vgl. Stadtarchiv Offenburg „122/36–74. Erteilung einer Erlaubnis zum Betrieb der Schank- und Speisewirtschaft ‚Brauerei Ehrhardt' in Offenburg-Zell-Weierbach, Weinstrasse 2".

6 Das Foto befindet sich in einem Ordner zur lokalen Winzergenossenschaft im hiesigen Gemeindearchiv. Vgl. „Foto 1937", in: Gemeindearchiv Zell-Weierbach Ordner „WG Anfang–2009". Der Autor der Arbeit startete im lokalen Mitteilungsblatt der Ortsverwaltung öffentliche Aufrufe, um auf dem Foto abgebildete Personen zu identifizieren. Es konnten jedoch keine konkreten Namen zugeordnet werden. Vgl. Mitteilungsblatt der Ortsverwaltung Zell-Weierbach, 1.7.2022, S. 9.

7 Vgl. Pfaff, Leon: Zwischen Kriegen und Krisen: Der Kleinkaliberschützenverein und die NSDAP in Zell-Weierbach, in: Die Ortenau. Jahrbuch des Historischen Vereins für Mittelbaden 102 (2022), S. 335–356, hier: S. 345–347. Dieser Aufsatz basiert auf einer bei Jörn Leonhard verfassten Hausarbeit des Autors.

8 Vgl. Maurath, Max: Der mittelbadische Obst- und Weinbau. Erträge und Absatzverhältnisse, Heidelberg 1933. Sowie vgl. Kiefer, Walther: Der Weinbau in Baden in seinen geographischen Zusammenhängen, Heidelberg 1933. Sowie vgl. Hellwig, Wolfgang: Der Weinbau in Südwestdeutschland. Seine natürliche Abhängigkeit und wirtschaftliche Stellung, Tübingen 1955. Sowie vgl. Schmedding, Heinrich: Weinbau in Baden, Freiburg 1969.

9 Seit 1971 ist Zell-Weierbach in Offenburg, die Große Kreisstadt der Ortenau, eingemeindet.

10 Grundsätzlich bemüht sich diese Arbeit, geschlechterneutrale Sprache zu verwenden. Bei der Zitation von Quellen kann dies jedoch nicht eingehalten werden, um die ursprüngliche Quellenaussage nicht zu verfälschen. Auch wird bei der Untersuchung der Quellen zur NSDAP-Mitgliedschaft und Kriegsteilnahme meist die maskuline Nomens-Form verwendet, da sich in den Quellen hierzu keine weiblichen Personen nachweisen lassen – auch wenn diese natürlich NSDAP-Mitglied gewesen sein konnten.

11 Vgl. Troßbach, Werner/Zimmermann, Clemens: Die Geschichte des Dorfes. Von den Anfängen im Frankenreich zur bundesdeutschen Gegenwart, Stuttgart 2006, hier: S. 205–254, insbesondere S. 219–224. Sowie vgl. Burkarth, Axel/Holtwick, Bernd (Hrsg.): Dorf unterm Hakenkreuz. Diktatur auf dem Land im deutschen Südwesten 1933 bis 1945, Ulm 2009. Sowie vgl. Rinderle, Walter/Norling, Bernard (Hrsg.): The Nazi impact on a German village, Lexington (Kentucky) 1993. Sowie vgl. Falter, Jürgen W.: Hitlers Wähler. Die Anhänger der NSDAP 1924–1933. Überarbeitete und erweiterte Neuauflage, Frankfurt/New York 2020. Sowie vgl. ders. Hitlers Parteigenossen. Die Mitglieder der NSDAP 1919–1945, Frankfurt/New York 2020.

12 Eine der wenigen geschichtswissenschaftlichen Monographien zum deutschen Weinbau legt den Fokus auf andere Regionen Deutschlands, enthält jedoch zwei Aufsätze zur wirtschaftlichen Situation des Weines in den 1920er Jahren und einen zur Beziehungsgeschichte des Weinbaus zum NS. Diese werden im weiteren Verlauf der Untersuchung erörtert. Vgl. Matheus, Michael: Weinkultur und Weingeschichte an Rhein, Nahe und Mosel, Stuttgart 2019. Das Verhältnis von Wein zur Gesellschaft im NS zeigt ebenso: Fabian, Sina: Inszenierter Frohsinn. Wein und „Volksgemeinschaft" im Nationalsozialismus, in: Historische Anthropologie 28 (2/2020), S. 270–294. Außerdem existiert die Gesellschaft Geschichte des Weines, die regelmäßig publiziert. Vgl. „Schriften & Bücher", in: Gesellschaft für Geschichte des Weines e. V.; URL: https://www.geschichte-des-weines.de/schriften-buecher.html [zuletzt aufgerufen am 5.10.2022, 18.43 Uhr].

13 Vgl. Kreutz, Gernot: Vom Sprachgut der Rebbauern in Zell-Weierbach, Zell-Weierbach 1992, S. 79.

14 Vgl. Gall, Wolfgang Mathias: Dörfliche Lebenswelt in der Krise 1928–32. Zu den Auswirkungen der Weltwirtschaftskrise auf die Dorfbevölkerung sowie deren Deutungen und politische Reaktionen am Fallbeispiel badischer Rebgemeinden, Offenburg 1986. Sowie vgl. Eisele, Klaus/Scholtyseck, Joachim (Hrsg.): Offenburg 1919–1949. Zwischen Demokratie und Diktatur, Konstanz 2004.

15 Leider wurden Anfragen an die WG Zell-Weierbach nach zeitgenössischen Quellen dahingehend beantwortet, dass in den Beständen keine für die Arbeit relevanten Unterlagen mehr verfügbar seien; mit den Forschungen Gernot Kreutz' und Jürgen Rohns existiert aber bereits lokale Literatur für die Frühgeschichte der WG. Vgl. Rohn: Genossen. Sowie vgl. Kreutz, Gernot: Geschichte des Ortenauer Weinbaus in Zell-Weierbach, Offenburg 1983.

16 Vgl. Kuhn, Frieder: Die französische Besetzung von Offenburg 1923/24, in: Die Zeitschrift für die Geschichte des Oberrheins (ZGO) 125 (1977), S. 315–329.

17 Wolfgang Proskes umfassende Reihe „Täter Helfer Trittbrettfahrer" enthält vier Bände über den deutschen Südwesten und nimmt die Unterteilung in Nord- und Südbaden vor oder betrachtet Baden-Württemberg als Ganzes, wodurch Mittelbaden respektive die Ortenau außerhalb des Untersuchungsfokus gerät – mit wenigen Ausnahmen wie etwa dem Schicksal des Offenburger Oberbürgermeisters Wolfram Rombach. Vgl. Kitzing, Michael: Dr. Wolfram Rombach: „Von der Welle der Macht auf einen ihm nicht gemäßen Posten gespült", in: Proske, Wolfgang (Hrsg.): Täter Helfer Trittbrettfahrer. NS-Belastete aus Südbaden (Bd. 6), Gerstetten 2017.

18 Vgl. Möller, Horst (Hrsg.) (et al.): Agrarpolitik im 20. Jahrhundert. Das Bundesministerium für Ernährung und Landwirtschaft und seine Vorgänger, Berlin/Boston 2020.

19 Vgl. Boll, Bernd: Fremdarbeiter in Offenburg, 1940–1945, Offenburg 1988. Sowie ders.: „Das wird man nie mehr los…" Ausländische Zwangsarbeiter in Offenburg 1939 bis 1945, Pfaffenweiler 1994. Sowie vgl. „Die Begräbnisstätte für die Opfer der Gewaltherrschaft 1933–45", in: Offenburg; URL: https://offenburg.de/media/download/variant/72179/qr-text-final_friedhof-grabfeld-19a_270721.pdf [zuletzt aufgerufen am 5.10.2022, 19.57 Uhr]. Sowie vgl. „Kurzportrait", in: Arolsen Archives; URL: https://arolsen-archives.org/ueber-uns/kurzportraet/ [zuletzt aufgerufen am 5.10.2022, 20.00 Uhr].

20 Über Zell-Weierbach existiert im Vergleich zu anderen Gemeinden des Offenburger Reblandes verhältnismäßig viel überliefertes Schriftgut. Zudem weisen auch die Nachbardörfer Fessenbach, Albersbach und Rammersweier grundsätzlich Parallelen auf, weswegen vereinzelt Aspekte ihrer Geschichte aufgegriffen werden, wenn etwa die Quellenlage für Zell-Weierbach wenig ergiebig ist.

21 Vgl. Kreutz, Gernot: Zell-Weierbach zwischen Reben und Wald, Zell-Weierbach 2000, Flyer „Der Weinort stellt sich vor". Im Jahr 2020 erhielt der Autor der vorliegenden Arbeit den Auftrag des Zell-Weierbacher Gemeinderates, die lokale Geschichte um den Nationalsozialismus aufzuarbeiten. Die Recherchen in verschiedenen Archiven sowie selbst geführte Interviews mit Zeitzeug:innen bilden die Grundlage dieser Arbeit.

22 Insbesondere der Bestand VII. „Landwirtschaft, Tierzucht, Veterinärwesen." Die römischen Ziffern entsprechen dem Külby-Aktenplan, der von 1905 bis 1965 in den badischen Gemeinde- und Stadtarchiven benutzt wurde. Vgl. Gall, Wolfgang M./Gorka, Cornelius/Kauß, Dieter: Quellen in Ortenauer Kommunalarchiven zum Thema Zwangsarbeit, in: Die Ortenau. Veröffentlichungen des Historischen Vereins für Mittelbaden 82 (2002), S. 625–635, hier: S. 628.

23 Vgl. Heizmann, Ludwig: Der Weinbau in Wissenschaft und Praxis im Kirchspiel Weingarten bei Offenburg, Offenburg 1924, S. 31–38.

24 In den Quellen werden meist diese Flächen genannt und nicht – wie man eventuell erwarten würde – die Erträge der jeweiligen Jahrgänge selbst. Die Betrachtung der Bodennutzung muss daher aufgrund fehlender Zahlen als Aussagewert über die Entwicklungen im Weinbau herangezogen werden. Dies bietet den Vorteil, von der politischen und gesellschaftlichen Entwicklung abhängige Tendenzen aufzuzeigen;

wohingegen bei einer Untersuchung der Erträge zusätzlich stets naturbedingte Faktoren in die Analyse miteinbezogen werden müssten.

25 Ein Zeitzeuge bestätigte, dass in den Weinbergen am Ende des Zweiten Weltkrieges Akten verbrannt wurden. Vgl. Pfaff, Leon: Interview mit Bruno Ehrhardt (2), Zell-Weierbach 28.4.2021, S. 1.

26 Aus der Gerichtsakte gegen einen Zell-Weierbacher geht hervor, dass seine Prozessakten bei einem Fliegerangriff im November 1944 verbrannt seien. Vgl. „13. Dezember 1945", in: Staatsarchiv Freiburg „A 47/1 2333. Angeklagter Mossman, Jakob".

27 Eine nur ansatzweise den Diskurs erschöpfende Auflistung an Literatur ist kaum möglich. Mit Lutz Niethammer sei einer der Vorreiter auf diesem Forschungsfeld genannt; wohingegen Harald Welzer als prominenter Gegner der Methode angeführt werden kann. Vgl. Niethammer, Lutz (Hrsg.)/Trapp, Werner: Lebenserfahrung und kollektives Gedächtnis. Die Praxis der „Oral History", Frankfurt am Main 1980. Sowie vgl. Welzer, Harald: Das Interview als Artefakt. Zur Kritik der Zeitzeugenforschung, in: BIOS 13 (1/2000), S. 51–63. Mit BIOS erscheint seit 1988 zweimal jährlich die Zeitschrift für Biographieforschung, Oral History und Lebensverlaufsanalysen, in der vielfältige Themen behandelt werden. Im Kontext des NS stellt sich auch die Frage nach der Erinnerung der Folgegenerationen, vgl. hierzu etwa: Reiter, Margit: Die Generation danach. Der Nationalsozialismus im Familiengedächtnis, Innsbruck 2006. Ein Praxisbeispiel der in Freiburger tätigen Karin Orth ist: Orth, Karin: Studentische Oral History-Interviews zu Nationalsozialismus und Zweitem Weltkrieg, in: BIOS 31 (1/2018), S. 45–54. Zur Untersuchung individuell erlebter Erfahrungen und deren Manifestierung in einem größeren gesellschaftlichen Bewusstsein vgl. Assmann, Aleida: Zur Mediengeschichte des kulturellen Gedächtnisses, in: Erll, Astrid/Nünning, Ansgar (Hrsg.): Medien des kollektiven Gedächtnisses: Konstruktivität, Historizität, Kulturspezifität, Berlin/New York 2004, S. 45–60. Sowie vgl. Breckner, Roswitha: Von den Zeitzeugen zu den Biographen. Methoden der Erhebung und Auswertung lebensgeschichtlicher Interviews, in: Berliner Geschichtswerkstatt (Hrsg.): Alltagskultur, Subjektivität und Geschichte. Zur Theorie und Praxis von Alltagsgeschichte, Münster 1994, S. 199–222, hier: S. 200f.

28 Die Interviews fanden unter Einhaltung der Hygienemaßnahmen zur Eindämmung der Pandemie statt. Sie befinden sich in Form von Audio- und Textdateien im Privatbesitz des Autors, sowie im Gemeindearchiv. Die Aufzeichnung und Veröffentlichung mit Klarnamen wurden schriftlich genehmigt oder abgelehnt. Vgl. zum Thema Demenz in der Oral History: Völk, Malte: „Wenn sie die Augen schloss, fing sie an zu denken". Demenz in Biographie, Chronik und Tagebuch, in: BIOS 28 (1/2015), S. 102–118.

29 Vgl. Gärtner, Karl: Heimatatlas der Südwestmark Baden, Karlsruhe 1934, S. 13f.

30 Vgl. Schellenberg, Theodore R.: Die Bewertung modernen Verwaltungsschriftguts (Veröffentlichungen der Archivschule Marburg Nr. 17), Marburg 1990, S. 27. Sowie vgl. Maurath, Max: Der mittelbadische Obst- und Weinbau. Erträge und Absatzverhältnisse, Heidelberg 1933. Sowie vgl. Kiefer, Walther: Der Weinbau in Baden in

seinen geographischen Zusammenhängen, Heidelberg 1933. Sowie vgl. Hellwig, Wolfgang: Der Weinbau in Südwestdeutschland. Seine natürliche Abhängigkeit und wirtschaftliche Stellung, Tübingen 1955. Sowie vgl. Schmedding, Heinrich: Weinbau in Baden, Freiburg 1969.

31 In der Weimarer Republik gab es unter dem Reichsministerium für Ernährung und Landwirtschaft verschiedene solcher Ausschüsse, um den Konsum deutscher Produkte und damit auch die Wirtschaft voranzutreiben. Die NS-Propaganda bediente sich dieser Strukturen und knüpfte mit ihrer Doktrin daran. Vgl. Dornheim, Andreas: Rasse, Raum und Autarkie. Sachverständigungsgutachten zur Rolle des Reichsministeriums für Ernährung und Landwirtschaft in der NS-Zeit, Bamberg 2011.

32 Krieger, Christof: „Trinkt deutschen Wein!“. Die Gründung des Reichsausschusses für Weinpropaganda in Mainz 1926, in: Matheus: Weinkultur, S. 105–124, hier: S. 119.

33 Vgl. ebd., S. 119–122.

34 Vgl. Müller, Karl: 10 Jahre Badisches Weinbauinstitut in Freiburg i.Br., Freiburg 1931.

35 Vgl. „Weinbauinstitut“, in: Staatsweingut Freiburg; URL: https://staatsweingut-freiburg.de/weinbauinstitut/ [zuletzt aufgerufen am 5.10.2022, 21.59 Uhr].

36 Fabian: Inszenierter Frohsinn, S. 278.

37 Die zuvor erörterten Aspekte des badischen Weines in Geschichtswissenschaft lassen sich aufgrund der Quellenlage im Ort nicht anhand von Wein aus Zell-Weierbach erörtern.

38 Vgl. Heizmann, Ludwig: Weinbau des Winzers Freud und Leid. Chronik Weingarten in der Ortenau von Ludwig Heizmann, Offenburg 1913. Unter „Weingarten“ werden die Gemeinden Fessenbach, Zell-Weierbach und Rammersweier gefasst.

39 Vgl. Heizmann, Ludwig: Der Weinbau in Wissenschaft und Praxis im Kirchspiel Weingarten bei Offenburg, Offenburg 1924.

40 Vgl. die beiden erwähnten Werke und zudem: ders.: Die Klöster und Herrenhöfe im Kirchspiel Weingarten bei Offenburg in Baden, Offenburg 1924.

41 Heizmann gibt es 1924 noch als Quelle an, vgl. Heizmann: Wissenschaft und Praxis, S. 9.

42 Vgl. Kreutz: Geschichte Ortenauer Weinbau, S. 65–67.

43 Vgl. ebd., S. 79–84.

44 Kiefer: Weinbau, S. 82. Interessant ist, dass in den Quellen meist diese Flächen genannt werden und nicht – wie man eventuell erwarten würde – die Erträge der jeweiligen Jahrgänge selbst. Die Betrachtung der Bodennutzung muss daher aufgrund fehlender Zahlen als Aussagewert über die Entwicklungen im Weinbau herangezogen werden. Dies bietet den Vorteil, von der politischen und gesellschaftlichen Entwicklung abhängige Tendenzen aufzuzeigen; wohingegen bei einer Untersuchung der Erträge zusätzlich stets naturbedingte Faktoren in die Analyse miteinbezogen werden müssten.

45 Vgl. Kladstrup, Don & Petie: Wein & Krieg. Bordeaux, Champagner und die Schlacht um Frankreichs größten Reichtum, Stuttgart 2002, S. 85 f.

46 Heizmann: Winzers Freud und Leid, S. 20f. Dies belegen auch die Unterlagen im GA ZW. Vgl. „Bericht, 30. März 1924“ sowie „Umstellung von Rebland in Frühobstbau (o. D.)“, in: GA ZW VII. „1/16. Die Neuanlage von Reben.“ Wie nah Obst- und Weinbau bereits im ersten Drittel des 20. Jahrhunderts lagen, beweisen die oft aus öffentlichen Geldern finanzierten Forschungs- und Versuchsanstalten, wie sie etwa in Neustadt an der Weinstraße vorhanden waren. Vgl. Türk, Henning: Forschung und Lehre in der Gauhauptstadt. Die staatliche Lehr- und Versuchsanstalt für Obst- und Weinbau, in: Raasch, Markus (Hrsg.): Volksgemeinschaft in der Gauhauptstadt. Neustadt an der Weinstraße und der Nationalsozialismus, S. 435–448. Mit dem bereits benannten, 1920 gegründeten badischen Weinbauinstitut in Freiburg gab es – und gibt es auch heute noch – eine ähnliche Einrichtung für Baden.

47 Vgl. Heizmann: Wissenschaft und Praxis, S. 30.

48 Vgl. Kreutz: Geschichte Ortenauer Weinbau, S. 55.

49 Die im Folgenden untersuchten Zahlen zu den Anbauflächen wurden stets auf einem Bogen eingetragen, der die Einheit bereits vorgab. Die Zu- und Abnahme dieser Flächen lässt sich daher kaum durch die Umrechnung von Einheiten begründen.

50 Kiefer: Weinbau, S. 40.

51 GA ZW „1/17b. Ermittelung der landwirtschaftlichen Bodenbenützung, Saatenstands- u. Erntestatistik betr.“, in GA ZW VII. Der Autor der vorliegenden Arbeit erstellte auf Grundlage der in der Akte enthaltenen Berichte eine Statistik, die die Entwicklung der Anbaufläche für Wein aufzeigt. Die Anbaufläche war der einzige Wert, der für jedes Jahr bis einschließlich 1942 dokumentiert wurde, wohingegen die Ertragszahlen aus der Akte nicht ersichtlich werden. Im weiteren Verlauf der Arbeit wird auf die Signatur der Akte verwiesen, wenn die Zahlen aus ihr diskutiert werden.

52 Vgl. GA ZW VII. „1/17b“.

53 Vgl. StA OG „5/8947. Grundstückserwerbung von Glasmaler Otto Bieser Rammersweier Lgb.Nr. 3503 b Wiese bei Rammersweier. 1935/37“.

54 Vgl. Kreutz: Geschichte Ortenauer Weinbau, S. 60.

55 Ebd.

56 Durch die Verbreitung dieser aus Amerika stammenden Rebsorte wurde auch die Reblaus im 19. Jahrhundert nach Europa gebracht. Die Amerikanerrebe war gegen die Reblaus resistent, die europäischen Reben nicht, weswegen die auf die Praxis des Propfens gesetzt wurde: Bei diesem Vorgang wurden auf die resistenten amerikanischen Rebstöcke die europäischen gepflanzt, die so entstandenen Reben wurden Hybride genannt. Vgl. ebd., S. 40.

57 Ebd., S. 60f.

58 Vgl. „Die Bekämpfung der Reblaus, 9. März 1922“, in: GA ZW VII. „1/18. Die Förderung des Weinbaus“.

59 Vgl. „Gesetz, betreffend die Bekämpfung der Reblaus“, in: Wikisource; URL: https://de.wikisource.org/wiki/Gesetz,_betreffend_die_Bek%C3%A4mpfung_der_Reblaus [zuletzt aufgerufen am 5.10.2022, 23.54 Uhr].

60 Vgl. „Anbau von fremdländischen- und Bastardreben, 10. November 1930“, in: GA ZW VII. „1/12. Die Anpflanzung von Amerikanerreben betr. 1908–1945“.

61 Vgl. „Anbau von fremdländischen Bastardreben, 20. Dezember 1930“, in: GA ZW VII. 1/12.

62 Nicht in Untersuchung miteinbezogen werden etwa im GA ZW vorhandene Akten zu Winzerkrediten, da die finanzielle Entwicklung der einzelnen Weinbautreibenden zwar Auskunft über deren wirtschaftliche Verhältnisse gibt, aber aus solchen bloßen Rechnungs-Akten sich kaum die tatsächlichen Lebenswelten der Dorfbevölkerung ablesen und auch nur schwer kontextualisieren lassen. Zumal die Akten viele Anordnungen enthalten, die nicht spezifisch für Zell-Weierbach sind und aus den Dokumenten nicht hervorgeht, wie sie umgesetzt wurden. Viel eher lässt sich die aufzuzeigende Entwicklung der weintragenden Flächen dazu nutzen, um nachzuvollziehen, wann und worunter der Weinbau litt.

63 Vgl. Heizmann: Weinbau in Wissenschaft und Praxis S. 31–38.

64 Dieses Kapitel basiert auf einer bei Jörn Leonhard verfassten Hausarbeit des Autors. Es wurde für die vorliegende Untersuchung aber stark gekürzt, überarbeitet und auf das Thema der vorliegenden Arbeit bezogen. Vgl. Pfaff, Leon: Zwischen Kriegen und Krisen: Der Kleinkaliberschützenverein und die NSDAP in Zell-Weierbach, unveröffentlichte Hausarbeit, 2021, S. 8f.

65 Vgl. Cabanes, Bruno/Duménil, Anne (Hrsg.): Der Erste Weltkrieg. Eine europäische Katastrophe, Bonn 2013, S. 454.

66 Vgl. Kuhn: Besetzung, S. 316.

67 Vgl. Gall, Wolfgang M.: „Braune Spuren“ – Karrieren städtischer NS-Eliten in Offenburg 1920–1960, in: Neisen, Robert/Maulhardt, Heinrich/Krimm, Konrad (Hrsg.): Kommunen im Nationalsozialismus. Verwaltung, Partei und Eliten in Südwestdeutschland, Ostfildern 2019 (= Oberrheinische Studien 38), S. 321–344, hier: S. 326f.

68 Falter definiert diese als „NSDAP-Mitglieder mit einer Mitgliedsnummer niedriger als 300.000“, in: Falter: Wähler, S. 61.

69 Vgl. Gall: Karrieren, S. 327–329.

70 Dennoch gab es ähnliche gewalttätige Auseinandersetzungen in Offenburg, vgl. Kuhn: Besetzung, S. 320. Gall spricht davon, dass „einzelne Sabotageakte“ stattgefunden hatten. Gall: Karrieren, S. 328. Es ist dokumentiert, dass die Besetzung des Offenburger Bahnhofes auch in Zell-Weierbach wahrgenommen wurde. Vgl. Sälinger, Friedrich: Jugenderinnerungen eines Achtzigjährigen, in: celle und wigerbach, S. 78–81, hier: S. 81.

71 Diese war – benannt nach ihrem Gründer Erich Damm – ein paramilitärisches und völkisches Bündnis in den frühen Jahren der Weimarer Republik, das besonders im deutschen Südwesten aktiv war. Vgl. Strobel, Karen/Zwerger, Brigitte: Betrachtungen und Quellenstudien zur frühen völkischen Bewegung in Mannheim bis 1922, Mannheim 2020, S. 106–118.

72 StA OG „13/402. Zehn Jahre! NSDAP-Ortsgruppe Offenburg. Festbuch zur 10jährigen Gründungsfeier, am 17. und 18. März 1934.“, S. 6.

73 Dank aktueller Hinweise von Wolfgang Mathias Gall konnte der Autor der vorliegenden Arbeit diese Informationen ausführlich in seiner Publikation zur NSDAP-Ortsgruppe 2022 einbringen. Vgl. Pfaff: Kriege und Krisen, S. 350. Vgl. auch: StAF „B 728/1 4103. Besetzung der Stadt Offenburg durch die Franzosen. 1923–1924."

74 Vgl. Leonhard, Jörn: Der überforderte Frieden. Versailles und die Welt 1918–1923, München 2018, S. 1233f. Sowie vgl. Cabanes/Duménil: Weltkrieg, S. 458.

75 Koselleck, Reinhart: Kritik und Krise. Eine Studie zur Pathogenese der bürgerlichen Welt, Freiburg/München 2. Aufl. 1976.

76 Joachim Scholtyseck benennt, dass unter anderem zwischen Rammersweier und Zell-Weierbach eine Grenztafel mit Anweisungen der Besatzungsmacht angebracht waren. Zudem waren die Besatzer auch innerhalb dieser Orte präsent, sie „ritten bis zum Hohen Horn", einem Aussichtsturm in den Bergen des Offenburger Reblandes. Scholtyseck, Joachim: Offenburg in den Jahren der Weimarer Republik, in: Eisele/Scholtyseck: Offenburg 1919–1949, S. 21–102, hier: S. 52f.

77 Gall betrachtet die Inflation in Offenburg als einen der Gründe für die angespannte „lokalpolitische Situation in Offenburg zu Beginn der 1920er Jahre", wobei in der Forschung keine konkreten Konfliktsituationen innerhalb Offenburgs bekannt sind, die aufgrund der Geldentwertung entstanden. Es kam aber etwa im südbadischen, an der Schweizer Grenze gelegenen und früh industrialisierten Wiesental zu gewaltsamen Auseinandersetzungen zwischen Lörracher Fabrikanten und deren Arbeitnehmern. Sie forderten mittels groß angelegter Streiks an die Inflation angepasste Lohnerhöhungen. Der Unterschied dieser beiden auf einzelne lokale Fälle bezogenen Studien liegt vor allem in den verschiedenen Untersuchungsgegenständen: Gall vergleicht die reichsweiten Geschehnisse mit den Schicksalen einzelner Akteure, wohingegen Robert Neisen vor allem infrastrukturelle Entwicklungen untersucht. Gall: Karrieren, S. 326. Sowie: Vgl. Neisen, Robert: Gefeiert und gefürchtet. Die NS-Diktatur in Brombach, Haagen und Hauingen, Lörrach 2020 (= Lörracher Hefte 31), S. 27f.

78 Vgl. Kuhn: Besetzung, S. 321.

79 Der nachfolgende Absatz fokussiert vor allem die Situation der Gemeinden östlich der damaligen Stadtgrenzen. Im Vergleich zur Stadt verfügte das Rebland über keine größeren Industriebetriebe. Aufgrund der unterschiedlichen wirtschaftlichen Struktur kann eine Untersuchung über Offenburg in der Weltwirtschaftskrise im Rahmen der vorliegenden Arbeit nicht erfolgen. Vgl. hierfür: Hermanni, Dorothee: Die wirtschaftliche Entwicklung der Stadt Offenburg 1919 bis 1939, in: Eisele/Scholtyseck: Offenburg, S. 103–134, hier: S. 124–127.

80 Vgl. Kuhn: Besetzung, S. 326.

81 Vgl. Gall: Lebenswelt, S. 71–74.

82 Vgl. Paeffgen: Einst und jetzt, S. 96f. Zwar bestanden WGs in Baden schon seit 1811, die in unmittelbarer Nähe von Zell-Weierbach wurden aber erst 1926 (Rammersweier) respektive 1930 (Fessenbach) gegründet. Vgl. StA OG „13/857. 100 Jahre Winzergenossenschaften in Baden 1981". Sowie vgl. StA OG „13/116.

50 Jahre Winzergenossenschaft Rammersweier e. G. 1976". Sowie vgl. StA OG „13/870. 40 Jahre Winzergenossenschaft Fessenbach".

83 Rohn: Genossen, S. 26.

84 Vgl. Paeffgen: Einst und jetzt, S. 96.

85 Vgl. Ordner „WG", in: GA ZW.

86 Vgl. O. A.: Festschrift zum 25jährigen Bestehen der Winzergenossenschaft eGmbh. Zell-Weierbach am 22. und 23. Oktober 1949 [sic!], Rammersweier 1949. Sowie vgl. Bamberger, Werner: 50 Jahre Winzergenossenschaft Zell-Weierbach. Jubiläumstage vom 11. bis 13. Mai 1973, Endingen 1973.

87 Diese Antwort lässt sich verschieden deuten: Es könnte sein, dass alte Dokumente verloren gingen, gerade vor dem Hintergrund der Fusion der WG Zell-Weierbach mit der des Nachbarorts Fessenbach und der WG in Gengenbach zur Weinmanufaktur Gengenbach-Offenburg 2016 scheint dies plausibel. Vgl. „Geschichte", in: Weinmanufaktur Gengenbach; URL: https://www.weinmanufaktur-gengenbach.de/de/geschichte.html [zuletzt aufgerufen am 6.10.2022, 12.18 Uhr]. Unterlagen könnten aber auch bewusst vernichtet worden sein, sei es am Ende des Zweiten Weltkrieges, aus platztechnischen Gründen oder etwa nach dem Ablauf von Sperrfristen aus betriebswirtschaftlichen Gründen. Hieran anknüpfend wäre eine dritte Option möglich, dass trotz des wissenschaftlichen Hintergrundes dieser Arbeit und den im Auftrag des Ortschaftsrates geschehenen Recherchen Unterlagen vorenthalten wurden, um Betriebsinterna zu wahren. Realistisch scheinen alle dieser drei Optionen zu sein, das Geschehen der Winzergenossenschaft soll im Folgenden weniger im Fokus der Betrachtung liegen – zumal spätestens mit den Werken Rohns und Kreutz' reflektierte lokalbezogene Fachliteratur vorhanden ist.

88 Corni, Gustavo/Frizzera, Francesco: Erster Teil: Vom Ersten Weltkrieg bis zum Ende der Weimarer Republik, in: Möller, Agrarpolitik, S. 11–101, hier: S. 43–50.

89 Einen Einblick in das zeitgenössische gesellschaftliche Leben des Ortes anhand des Beispiels des musizierenden Mandolinen- und Gitarrenvereins Zell-Weierbach gewährt vgl. Basler, Rudolf: Mit Sang und Klang. Von den Anfängen der Mandolinen- und Gitarrenmusik in Zell-Weierbach, Offenburg, Zell-Weierbach 2010, S. 6.

90 Die landwirtschaftlichen Tätigkeiten stellen kein Spezifikum für Zell-Weierbach dar, sondern werden so und ähnlich auch in den umliegenden Gemeinden und anderen Ortschaften der Region stattgefunden haben. Sie werden hier exemplarisch an Ort dargestellt werden. Vgl. für allgemeinere Einblicke: Mahlerwein, Gunter: Die Moderne (1880–2010). Grundzüge der Agrargeschichte Band 3, Köln/Weimar/Wien 2016, insbesondere S. 121–126.

91 Belege hierfür finden sich unter anderem in den Interviews, die im GA ZW vorhanden sind. Vgl. etwa: Basler, Rudolf: Interview mit Irmgard Ruf, Zell-Weierbach 16.4.2013, S. 8.

92 So verdiente ein Taglöhner vor der Hyperinflation 1923 rund 60 Mark pro Tag. Vgl. „Ortsbereisung in Zell-Weierbach am 8. Mai 1922", in: StAF „B 728/1 10226. Die Ortsbereisungen betr. 1894–1928".

93 Vgl. Schramm, Manuel: Konsumgeschichte, Version 3.0, in: Docupedia-Zeitgeschichte, 2.9.2020, S. 9–11.

94 Vgl. zur Geschichte um den Esel als Figur im Ort: End, Alfons/Hass, Ursula: Zell-Weierbach's [sic!] Dorf-Geschichte. Erste Aufzeichnungen. Entstehung des Dorfnamens, Offenburg 2020, S. 321–323.

95 Pfaff, Leon: Interview mit Falk, Theodor, Alfred und Anonym, Zell-Weierbach 18.8.2020, S. 22.

96 Da sein Untersuchungszeitraum die Spanne vom Mittelalter bis in die frühen 1920er Jahre umfasst, werden die von ihm erörterten Aspekte im Folgenden, wenn dann nur zur Diskussion der anderen Quellen herangezogen. Kreutz' für die Zeit des ausgehenden 19. und beginnenden 20. Jahrhunderts untersuchten Spezifika liegen außerhalb des Betrachtungsrahmens dieser Arbeit und werden daher im Folgenden nur ansatzweise ausgeführt. Vgl. Kreutz: Geschichte Ortenauer Weinbau.

97 Der Autor der vorliegenden Arbeit transkribierte diese.

98 In den Interviews wurde von männlichen Händlern gesprochen. Vgl. Pfaff, Leon: Interview mit X, Zell-Weierbach 23.9.2020, S. 1. Sowie vgl. Pfaff, Leon: Interview mit Willi Litterst, Zell-Weierbach 13.10.2020, S. 11.

99 Vgl. zur bewussten Konstruktion der eigenen Identität in Interviews: Kleinau, Elke/Schmid, Rafaela: „Ich bin nicht ehemaliges Besatzungskind, sondern ich bin es immer noch". Brüche und Inkosistenzen in Erzählungen von ‚professionellen' Zeitzeug_innen, in: BIOS 29 (2/2016), S. 241–252.

100 Vgl. Rinderle/Norling: Nazi impact, S. 73.

101 Falk und Litterst sind zwei der häufigsten Familiennamen im Ort. Verwandtschaftliche Verhältnisse der einzelnen Personen zueinander sind zwar möglich, dem Autor nicht konkret bekannt. Die aufgezeigten Erinnerungen und Schicksale sind daher meist die von unterschiedlichen Personen. Vgl. Breuer, Alexander: Die Familien des Offenburger Reblandes. Namen, Herkunft, Beruf, Lebensumstände, Zell-Weierbach 2021, S. 35 und 91.

102 Dialekt für Trauben.

103 Pfaff: Interview mit Falks, S. 3.

104 Basler: Interview mit Ruf, S. 5.

105 Ders.: Interview mit Friedrich Falk, Zell-Weierbach 29.7.2014, S. 10.

106 Gemeint ist die Rebsorte.

107 Gemeint ist wohl, dass die Mutter in der Emaille-Plakate herstellenden Fabrik C. Robert Dold arbeitete.

108 Basler, Rudolf: Interview mit Hermann Falk, Zell-Weierbach 7.12.2012, S. 2.

109 Basler: Interview mit Friedrich Falk, S. 10.

110 Vgl. Bludau, Kuno: Nationalsozialismus und Genossenschaften, Basel 1968, S. 53.

111 Vgl. Pfaff, Leon: Interview mit Herbert Näger und X, Zell-Weierbach 17.8.2021, S. 10f.

112 Kreutz: Geschichte Ortenauer Weinbau, S. 46.

113 Ebd., S. 45.

114 Vgl. „Rebgemarkung Zell-Weierbach Amt Offenburg", in: StAF „B 728/1 6050. Hybriden-Kataster".

115 Kreutz: Geschichte Ortenauer Weinbau, S. 46. Grundlage hierfür war nach Kreutz eine „Anregung der Genossenschaftszentrale", die er nicht weiter belegt. Zum Genossenschaftswesen im Nationalsozialismus vgl. Bludau: Nationalsozialismus und Genossenschaften.

116 Basler: Interview mit Friedrich Falk, S. 11.

117 Vgl. StA OG „19/3/31–04. Weinbau an der Ahr 1936".

118 Vgl. End/Hass: Zell-Weierbach, S. 179–183.

119 Vgl. GA ZW VII. „1/20. Freiwillige Umstellung der Hybriden. Zwangsweise Vernichtung 1931–1945". Aus den Dokumenten geht hervor, dass die „Vernichtung" schon 1929 und 1930 stattgefunden hatte – bevor der NS politisch im Ort Einfluss auf die Landwirtschaft nahm. Nicht erst durch NS-Indoktrination begannen die Maßnahmen gegen Hybrid- respektive Amerikanerreben. Allerdings wurden ab 1933 keine „Neuanpflanzungen mehr geduldet […] 1938 [konnte] Zell-Weierbach hybridenfrei gemeldet werden." Kreutz: Geschichte Ortenauer Weinbau, S. 35–42, insbesondere S. 40. Die sprachliche Nähe zur Meldung der Deportation von Juden ist erschreckend.

120 Wobei sie unter diesem verstärkt gebraucht wurden.

121 Vgl. Basler: Interview mit Ruf, S. 8.

122 Vgl. Basler: Interview mit Friedrich Falk, S. 12f. Kirschessigfliegen stellen heute nach ihrer – klimabedingten – Verbreitung in Mitteleuropa ein zusätzliches Problem dar. Neben Fungiziden werden auch Pestizide gespritzt.

123 Vgl. Troßbach: Geschichte des Dorfs, S. 186.

124 Vgl. Pfaff: Interview mit Falks S. 14. Sowie vgl. Basler: Interview mit Friedrich Falk, S. 9. Dass die für Jugendliche konzipierten Freizeittätigkeiten im NS hierzu eine willkommene Alternative darstellten, betont eine Zeitzeugin im Interview. Vgl. Pfaff, Leon: Interview mit Y, Zell-Weierbach 6.7.2021, S. 18f.

125 Vgl. Basler: Interview mit Hermann Falk, S. 4.

126 Vgl. ebd., S. 7.

127 Dem Verfasser ist dieser Ausdruck nicht bekannt, vermutlich handelt es sich dabei um eine Art Heugabel.

128 Pfaff: Interview mit Falks, S. 14. Den ersten Traktor im Ort hatte laut Artur Litterst sein Vater 1939. Vgl. Pfaff, Leon: Interview mit Artur Litterst, Zell-Weierbach 25.8.2020, S. 7. Darüber hinaus gab es im Ort mindestens eine Dreschmaschine, die von den Vorfahren des Autors besessen und von anderen mitbenutzt wurde, ein Jahr der Anschaffung nennt die Zeitzeugin jedoch nicht. Vgl. Ders.: Interview mit Y, S. 4. Friedrich Falk betont zudem auch den gesellschaftlichen Stellenwert, der der Pflege der Reben beiwohnte: „Oh Jesses, wenn Einer Gras in den Reben gehabt hat, [war er ein] Faulenzer." Basler: Interview mit Friedrich Falk, S. 13.

129 Vgl. Pfaff, Leon: Nationalsozialismus und Naturdenkmäler: Vom „Bühlstein" und der „Teufelskanzel", in: Die Ortenau. Jahrbuch des Historischen Vereins für Mittelbaden 102 (2022), S. 379–404, hier: S. 387.

130 Basler: Interview mit Friedrich Falk, S. 15.

131 Oechsle wird als Einheit benutzt, um den potentiellen Alkoholgehalt des späteren Weines zu bestimmen.

132 Basler: Interview mit Friedrich Falk, S. 13.

133 Vgl. GA ZW VII. 1/17b.

134 Pfaff: Interview mit Willi Litterst, S. 8.

135 Basler: Interview mit Friedrich Falk, S. 10.

136 Vgl. ders.: Interview mit Hermann Falk, S. 3.

137 Basler, Hartmut: Gastronomie, Handwerk und Gewerbe, in: Ortsverwaltung ZW: celle und wigerbach, S. 62.

138 Beispielsweise konnten Sträucher angebunden sein.

139 Vgl. Kreutz: Geschichte Ortenauer Weinbau, S. 48. So trafen sich der lokale Mandolinenverein für Proben in der Gaststätte Ehrhards. Vgl. Basler: Sang und Klang, S. 11.

140 Vgl. GA ZW V.

141 Die Folgen von Alkoholexzessen werden in 6.3.4. dieser Arbeit beispielhaft erörtert.

142 Vgl. GA ZW V. „2/28. Vollzug des Gaststättengesetz. Betrieb von Strausswirtschaften. 1928–1948“. Sowie ebd. „2/30 Strausswirtschaften 1930–1948“.

143 „29. Oktober 1928“, in: GA ZW V. 2/28.

144 „7. März 1930“, in: ebd., 2/30.

145 „18. September 1929“, in: eBd. 2/28.

146 Vgl. „21. Januar 1930“, in: ebd.

147 Vgl. ebd.

148 „1. Oktober 1930“, in: ebd.

149 Vgl. ebd.

150 Kreutz: Geschichte Ortenauer Weinbau, S. 48.

151 Vgl. „20. Januar 1931“, in: GA ZW V. 2/28.

152 Vgl. GA ZW V. 2.

153 Eine Praxis zur Veredelung von Pflanzen.

154 Vgl. StAF „B 728/1 10230. Den Ankauf des Gasthauses zum ‚Bad‘ in Zell-Weierbach durch die Gemeinde allda betr. 1920–1922“. Hier wurden auch sieben Familien ohne festen Wohnsitz untergebracht, vgl. „8. Mai 1922“, in: StAF „B 728/1 10226. Ortsbereisungen“.

155 Vgl. GA ZW V. „2/8. Betrieb der Schankwirtschaft mit Branntweinschank ‚Zum Riedle‘. 1874–1929“, sowie vgl. ebd. „2/26 Betrieb einer alkoholfreien Wirtschaft im Riedle, Haus Nr. 84. Betrieb des Kaffees [sic!] Waldlust. 1926–1938“.

156 Corni/Frizzera: Erster Teil, in: Möller: Agrarpolitik, S. 51–54.

157 Vgl. Bauer, Theresia: Nationalsozialistische Agrarpolitik und bäuerliches Verhalten im Zweiten Weltkrieg. Eine Regionalstudie zur ländlichen Gesellschaft in Bayern, Frankfurt am Main 1996 (=Münchner Studien zur neueren und neuesten Geschichte, Band 14), S. 21.

158 Vgl. zum Umriss der NS-Agrarpolitik und Person Darrés: ebd., S. 25–50.

159 Vgl. ebd., S. 35–42. Eine ausführlichere Betrachtung dieser Entwicklungen ist im Rahmen der vorliegenden Arbeit nicht möglich ist. Für eine intensive Untersu-

chung der Agrargesellschaft im Kontext der NS-Politik existiert lediglich eine aktuelle Studie über Österreich. Vgl. Langthaler, Ernst: Schlachtfelder. Alltägliches Wirtschaften in der nationalsozialistischen Agrargesellschaft 1938–1945, Wien 2016.

160 Martin, Benjamin G.: The Nazi-Fascist New Order for European Culture, London 2016, S. 250.

161 Vgl. Kladstrup: Wein & Krieg, S. 85f.

162 Vgl. Türk: Forschung und Lehre, in: Raasch: Volksgemeinschaft, insbesondere S. 447f. Dort beschreibt Türk die Zentralisierung explizit.

163 Vgl. StA OG „5/5420. Die Bekämpfung der Reblaus- und Blattfallkrankheit usw. (Notlage im Rebbau) 1880–1934".

164 Vgl. StAF B 728/1 2530 „Ortsbereisungen. 1852–1878".

165 „Tagebuch über die am 30. November 1935 in Zell/Weierbach vorgenommene Ortsbereisung", in: StAF B 728/1 10226.

166 Vgl. ebd.

167 Vgl. Gärtner: Heimatatlas, S. III.

168 Vgl. Teuteberg, Hans-Jürgen: Die Rolle von Brot und Kartoffeln in der historischen Entwicklung der Nahrungsgewohnheiten, in: Ernährungs-Umschau 26 (5/1979), S. 146–154, hier: S. 150.

169 Vgl. GA ZW VII. 1/17b.

170 „30. November 1935", in: StAF B 728/1 10226.

171 Vgl. StAF B 728 1/6050. Bei einer vorhandenen Vielzahl an einzelnen Parzellen von 1400 in Zell-Weierbach, 905 in Rammersweier und 308 in Fessenbach ist eine konkretere Auswertung der Besitzverhältnisse im Rahmen dieser Arbeit nicht möglich.

172 Vgl. für die verschiedenen Besitzungen in den unterschiedlichen Ortschaften etwa: Pfaff, Leon: Interview mit Herbert Pfaff, Rammersweier 2.9.2020, S. 8. Beispielhaft beträgt die Strecke aus dem am östlichen Ortsrand Zell-Weierbachs gelegenen Talweg in die Rammersweierer Reben am Wald zu Durbach vier Kilometer. Wobei schon von der Zell-Weierbacher Ortsmitte in dortigen Reben etwa zwei Kilometer zurückgelegt werden konnten. Dass es für das Zurücklegen dieser oftmals steilen Strecken viel Zeit brauchte, ist offensichtlich, zumal erst ab 1939 ein Traktor im Ort existierte. Die Mechanisierung der örtlichen Landwirtschaft schritt dementsprechend langsamer voran als im reichsweiten Südwesten. Vgl. Herrmann, Klaus: Deutsches Landwirtschaftsmuseum Hohenheim. „Maschinen braucht das Land" – Die Mechanisierung der südwestdeutschen Landwirtschaft 1933 bis 1945, in: Burkarth/Holtwick: Dorf unterm Hakenkreuz, S. 157–175. Bereits vor dem Ersten Weltkrieg existierte im Ort jedoch Strom, vgl. StAF „B 728 1/10227. Die Versorgung der Gemeinde Zell-Weierbach mit elektrischer Energie betr. 1913–1919".

173 Vgl. Corni/Frizzera: Erster Teil, in: Möller: Agrarpolitik, S. 74f.

174 Vgl. Gall, Wolfgang M. (2018), Von der Schulbank zur NSDAP. Neue Erkenntnisse zur Entstehungsgeschichte der Offenburger NSDAP (1922–1928), in: Haumann, Heiko / Schellinger, Uwe (Hg.), Vom Nationalsozialismus zur Besatzungsherrschaft

(= Lebenswelten im ländlichen Raum / Historische Erkundungen in Mittel- und Südbaden, Bd. 3).

175 Vgl. Pfaff: Kriege und Krisen, S. 345–347.

176 Nordblom, Pia: „Volksgemeinschaft" im Weinglas? Zur Beziehungsgeschichte von Weinbau und Nationalsozialismus in Rheinhessen, in: Matheus: Weinkultur und Weingeschichte, S. 125–142, hier: S. 139. Die Autorin benennt aber, dass es vor allem evangelische Winzer waren, die schon 1932 dem NS nahestanden. Vgl. ebd. S. 128 f.

177 Nordblom: Volksgemeinschaft, S. 126.

178 Schlie, Ulrich: Zweiter Teil: Das Reichsministerium für Ernährung und Landwirtschaft in der Zeit des Nationalsozialismus, in: Möller: Agrarpolitik, S. 105–261, hier: S. 109.

179 Wagner, Caroline: Die NSDAP auf dem Dorf – Eine Sozialgeschichte der NS-Machtergreifung in Lippe, Münster 1998, S. 144.

180 Vgl. ebd. S. 145–150.

181 Holtwick, Bernd: Oberschwäbisches Museumsdorf Kürnbach, Bad Schussenried. Bauernkult und Leistungssteigerung. Die württembergische Landwirtschaft im Spannungsfeld von Ideologie und wirtschaftlichen Anforderungen, in: Burkarth/ders.: Dorf unterm Hakenkreuz, S. 29–46, hier: S. 40.

182 Auf den „Aufbau der landwirtschaftlichen Verwaltung" und die NS-Agrarpolitik an sich, wie sie Bauer untersucht, kann im Rahmen dieser Arbeit – auch aufgrund der kaum vorhandenen Quellen für Zell-Weierbach – nicht eingegangen werden. Vgl. Bauer: NS Agrarpolitik, S. 21–29 sowie S. 50–55.

183 Dieses und die beiden folgenden Kapitel basieren auf einer vom Autor bei Jörn Leonhard verfassten Hausarbeit. Es wurden lediglich einzelne Absätze aus der Arbeit übernommen. Vgl. Pfaff: Kriege und Krisen, S. 19–22.

184 Vgl. Falter: Wähler, S. 221–225.

185 Vgl. Bräunche, Ernst O.: Die NSDAP in Baden 1928–1933. Der Weg zur Macht., in: Schnabel, Thomas (Hrsg.): Die Machtergreifung in Südwestdeutschland. Das Ende der Weimarer Republik in Baden und Württemberg 1928–1933, Stuttgart 1928, S. 15–48, insbesondere S. 23. Dieter Ohr et alii betonen, dass der Erfolg der Nationalsozialisten in katholischen Gemeinden weniger an der schwachen Bindung der Bevölkerung zur Kirche und damit der Zentrumspartei zu begründen sei. In seiner Untersuchung verweisen sie auf eine besondere Stärke „der örtlichen NSDAP-Parteiarbeit" die für den Erfolg bei den Reichstagswahlen spreche. Diese Arbeit lässt sich insbesondere als populistische Propagandamaßnahmen verstehen. Ohr, Dieter/ Wild, Anton/Zängle, Michael: Weimarer Wahlen in zwei Dörfern des badischen Grenzlandes: der Beitrag kleinräumiger Fallstudien zur Erklärung des Aufstiegs der NSDAP, in: Historical Social Research 17 (2/1992), S. 4–48, hier: S. 39. Heilbronner benennt einige katholisch geprägte Regionen, in denen die Nationalsozialisten bereits vor 1933 respektive 1930 erfolgreich waren, insbesondere Baden. Vgl. Heilbronner, Oded: The Failure That Succeeded: Nazi Party Activity in a Catholic Region in Germany, 1929–32, in: Journal of Contemporary History 27 (3/1992), S. 531–549, hier: S. 531.

186 Vgl. Rinderle/Norling: Nazi Impact, S. 105. Damit einher geht auch, dass es in katholischen Gemeinden, wie auch Zell-Weierbach, zu Konflikten zwischen NSDAP-Ortsgruppe und der Kirche kam. Vgl. Bauer: NS Agrarpolitik, S. 112–117.

187 Mit der Spinnerei und Weberei in Offenburg sei nur ein lokales Beispiel genannt. Vgl. Ilgen, Volker: „D'unter Fabrik". Geschichte der Spinnerei und Weberei Offenburg, Offenburg 2017, insbesondere S. 40–65.

188 Vgl. Wennemuth, Udo: Die Religionsgemeinschaften in Baden in der ersten Hälfte des 19. Jahrhunderts zwischen Aufbruch und Beharrung, in: Zeitschrift für die Geschichte des Oberrheins 157 (2009), S. 315–341.

189 Vgl. Gall: Lebenswelt, S. 104.

190 Vgl. „Religiöse Situation, 30. Oktober 1945", in: GA ZW IX. Ordner „026 Kriegssachen". Demnach betrug die Personenanzahl der Bevölkerung vor 1933 1947, wovon 1825 katholisch und lediglich 149 evangelisch waren.

191 Vgl. Gall: Lebenswelt, S. 107. Über die Ortsgruppe der KPD finden sich in den historischen Unterlagen keine Informationen; eine Erklärung für die relativ vielen Stimmen, die sie im Rebland generell bekam, könnte jedoch in der erörterten verhältnismäßig hohen Arbeitslosigkeit liegen. Vgl. Falter: Wähler, S. 43–46. Ein 1926 geborener Zeitzeuge erinnert sich an ein Wahlplakat im Ort: „Da ist draufgestanden: ‚Wollt ihr Nationalsozialismus oder Kommunismus?' Und dann hat einer drunter geschrieben [...]: ‚Kartoffeln oder Erdäpfel?' Also das ist Ein- und Dasselbe. Weil da eben da Nationalsozialismus und Kommunismus draufgestanden ist." Pfaff: Interview mit Artur Litterst, S. 1 f.

192 Ein völkisches oder antisemitisches Denken in der Gesellschaft Zell-Weierbachs lässt sich anhand der Quellenlage – wie geschildert – kaum greifen. Antijüdische Propaganda der NSDAP fruchtete daher womöglich weniger im Denken der Bevölkerung als beispielsweise in der Stadt Offenburg, wo sogar eine Synagoge existierte. Über das jüdische Leben in der Stadt veröffentlichte Martin Ruch zahlreiche Werke, vgl. etwa: Ruch, Martin: Verfolgung und Widerstand in Offenburg 1933–1945, Offenburg 1995 (= Schriften zu Kultur und Geschichte 1). Im Mai 2022 konnte die umgestaltete ehemalige Synagoge Offenburgs, der Salmen, neu eröffnet werden.

193 Gall: Lebenswelt, S. 135.

194 Ebd.

195 Ebd.

196 StAF „D 180/2 46527. Protokoll Leitermann Richard, 21. April 1948".

197 Vgl. Pfaff: Kriege und Krisen, S. 345–347.

198 StAF D 180/2 46527.

199 Vgl. „Auszug aus dem Strafregister, 28. JAN 1930", in: KAO „OG-Zell-5. Den Ratschreiberdienst [sic!] betr., 1890–1965".

200 Vgl. „Beschluß, 29.1.1930", in: ebd.

201 Vgl. Pfaff: Kriege und Krisen, S. 345–347.

202 Welche Positionen innerhalb dieser von welchen Personen besetzt waren, geht aus verschiedenen Dokumenten hervor. Für die vorliegende Betrachtung im Rahmen des Wein(bau)s hat dies wenig Relevanz, wurde aber vom Autor bereits untersucht. Vgl.

Pfaff: Kriege und Krisen. Lediglich auf den Bauernführer und seine Rolle in Bezug auf die im Weinbau stattgefundenen Kriegsverbrechen wird detaillierter eingegangen.

203 Stadtarchiv Offenburg: Untersuchung der Offenburger Straßennamen, Offenburg 2015, S. 18.

204 Vgl. Pfaff: Interview mit Y, S. 19. Sowie vgl. Pfaff, Leon: Interview mit X & Y 3, Zell-Weierbach 9.10.2020, S. 1.

205 Der Autor digitalisierte die rund 600 zu einem Buch gebundenen Vernehmungsprotokolle, in Form einer Microsoft-Excel-Tabelle. Hierdurch lassen sich Angaben wie Parteizugehörigkeit, Beruf und Geburtsdatum, aber auch Kriegseintritt vereinfacht vergleichen. Die Protokollbögen können jedoch keinesfalls als objektiv und der Wahrheit entsprechend angesehen werden, wie etwa der Vergleich zur SS-Zugehörigkeit mit anderen Dokumenten aus dem GA ZW oder dem StAF beispielhaft ergab. Im Rahmen der vorliegenden Untersuchung stellten die Bögen dennoch eine wichtige Quelle dar, da sie als erste übersichtliche Auskunft über die Zugehörigkeit zur lokalen NSDAP geben. Vgl. GA ZW IX. „Vernehmungsprotokoll der französischen Besatzungsmacht Ortskommandantur Zell-Weierbach (o. D.)". Wird die Tabelle zitiert, wird sie entsprechend der Signatur angegeben. Vgl. zu den Sperren und Lockerungen zum Eintritt in die NSDAP: Falter: Parteigenossen, S. 53f.

206 Vgl. ebd., S. 98,

207 Vgl. „Wie wir Krieg und NS-Herrschaft erlebten | SWR Geschichte des Südwestens", in: YouTube; URL: https://www.youtube.com/watch?v=zIzZU6Bjq3g&t=70s [zuletzt aufgerufen am 6.10.2022, 18.46 Uhr]. Der Weintourismus wird Bürckel zugerechnet (01:10–01:20), was den Weinbaubetreibenden wirtschaftlichen Aufschwung ermöglichen sollte (02:31–03:40).

208 „Die wirtschaftliche Bedeutung des Rebschutzes in Deutschland. 1941", in: GA ZW VII. 1/16.

209 Vgl. „Zehnpfennig, Barbara: Hitlers ‚Mein Kampf' – ein unterschätztes Buch", in: Bundeszentrale für politische Bildung; URL: https://www.bpb.de/themen/rechtsextremismus/dossier-rechtsextremismus/216612/hitlers-mein-kampf-ein-unterschaetztes-buch/ [zuletzt aufgerufen am 6.10.2022, 18.52 Uhr].

210 Herbert, Ulrich: Wer waren die Nationalsozialisten? München 2021.

211 Zumal die einzige dem Autor bekannte Monographie zum Genossenschaftswesen im NS ebenfalls kaum Grundlage für eine Betrachtung der WG Zell-Weierbach bietet, da sie sich für die landwirtschaftlichen Genossenschaften wie andere Werke auch vor allem mit dem theoretisch-ideologischen Aspekt Darrés Reichsnährstandes beschäftigt. Vgl. Bluda: NS und Genossenschaften, S. 51–80. Vgl. auch: Ringle, Günther: Verfremdung der Genossenschaften im Nationalsozialismus: Gemeinnutzvorrang und Führerprinzip, Wismarer Diskussionspapiere No. 01/2018. Einen anekdotischen Abriss der Geschichte der WG während des NS nimmt Rohn vor. Vgl.: Rohn: Genossen, S. 35–39.

212 Nicht herangezogen werden dabei Unterlagen des Bundesarchivs in Berlin, wo etwa die Zugehörigkeit einzelner Personen zur NSDAP dokumentiert ist. Anfragen an diese Einrichtungen haben lange Bearbeitungszeiten.

213 GA ZW IX. Vernehmungsprotokoll.

214 Von den sechs bekannten aus der Landwirtschaft stammenden NSDAP-Parteimitgliedern existieren im StAF nur zu zweien Spruchkammerakten, dem bereits erörterten 1896 geborenen zweiten NSDAP-Bürgermeister Friedrich Braun und dem 1892 geborenen, aber erst 1942 in die Partei eingetretenen Heinrich Bieser.

215 Vgl. Wagner: NSDAP Dorf, S. 145–150.

216 Pfaff: Interview mit Herbert Näger, S. 16f.

217 Zeitgenössisch wurde die Unterscheidung von Ortsgruppen- und Stützpunktleiter abhängig von der Anzahl der jeweiligen lokalen Parteimitglieder gemacht. Vgl. Ley, Robert: Organisationsbuch der NSDAP, München 3. Aufl. 1937, S. 127.

218 Vgl. „11. Juli 1950", in: GA ZW „141/3 Mitwirkung der Gemeinde beim Vollzug der Anordnungen über Auflösung der ehem. NSDAP u. ihrer Gliederungen u. Verbände, sowie bei der Anmeldung, Sicherstellung u. Verwertung des Vermögens (o. D.)" Diese Signatur entspricht nicht mehr dem Külby-Aktenplan.

219 So besteht ein Schriftstück zur „Erfassung von Parteiwohnungen. 1946", in: GA ZW IX. Ordner 026. Aus dem Dokument geht aber nicht hervor, ob die einzige darin angegebene Wohnung in NS-Besitz war oder lediglich von der Partei gemietet und genutzt wurde.

220 „11. Juli 1950", in: GA ZW 141/3. Es wäre möglich, beim Grundbuchzentralarchiv nach Auskunft hierüber zu fragen, allerdings ist die Bearbeitungszeit solcher Anfragen oft mehrere Monate lang.

221 Vgl. StAF „F 168/2 924. Isidor Oppenheimer Erben gegen Land Baden wegen Rückerstattung. 1949–1950".

222 Vgl. „Gütliche Vereinbarung, 10. Juni 1950" in: ebd.

223 Vgl. „12. Dezember 1949", in: ebd.

224 Ein Beispiel für weitere Enteignungen jüdischen Besitzes auf Zell-Weierbacher Boden stellt der Fall der jüdischen Offenburger Familie Kahn dar: Diese besaß das Grundstück mit der Lagebuchnummer 4499, welches sich heute auf Rammersweierer Gemarkung befindet. Der 1876 geborene Sigmund Kahn besaß das etwa 50 Meter lange und zehn Meter breite heutige Wiesengrundstück seit 1923 mit seinen vermutlichen Brüdern Bernhard und Siegfried Kahn. Ebenso wie das oben erörterte Grundstück wurde auch dieses enteignet. Sigmund Kahn starb am 1.12.1940 in Gurs – kurze Zeit nach der Deportation der badischen Juden dorthin. Vgl. StAF „F 168/2 705. Hollaender, Trude geb. Kahn, Dr., Longmeadow (USA) gegen Land Baden wegen Rückerstattung von entzogenen jüd. Vermögensobjekten, hier: Ackerland in Zell-Weierbach, Loh. 1949–1951." Sowie vgl. Ruch: Verfolgung und Widerstand, S. 400–429.

225 Für zwei dieser insgesamt zehn Personen werden keine näheren Details benannt, da sie 1939 respektive 1945 verzogen seien. Von den restlichen acht stammen vier aus den Geburtenjahrgängen von 1922 bis 1926 und sie besuchten allesamt unmittelbar vor ihrem Eintritt in die SS die HJ. Ein SS-Mann wurde 1915 geboren, jeweils einer 1904 und 1902. Die vier erstgenannten jungen Männer wuchsen während der wirtschaftlichen Notsituation der 1920er Jahre auf. Ihre Zugehörigkeit zur SS ließe sich dadurch begründen, dass der NS ihnen das Bild eines besseren Lebens ver-

sprach, als es die Eltern noch erlebt hatten. Wohingegen die Zugehörigkeit der älteren SS-Mitglieder dadurch begründbar wäre, dass sie zur „Kriegsjugendgeneration" gehörten, die zu jung für die Teilnahme am Ersten Weltkrieg war und nun Teil der militanten Gesellschaft sein ‚durfte'. Vgl. zum Begriff der Kriegsjugendgeneration: Wildt, Michael: Generation des Unbedingten, Hamburg 2003. Drei der bekannten SS-Angehörigen waren in den Dörfern um Offenburg geboren (je einer in Rammersweier, Zunsweier und Zell-Weierbach selbst), bei fünf ist kein Geburtsort angegeben, je einer wurde in Stuttgart und Oberhausen geboren.

226 Angegeben wird das Amt Bruchsal, in welchem er geboren wurde, was darauf schließen lässt, dass er aus dessen Nähe kam und nicht, wie zu vermuten wäre, aus der Stadt im Ruhrgebiet. Die einst eigenständige Gemeinde Oberhausen bildet mit Ortsteil Rheinhausen gegenwärtig die rund zehntausend Menschen umfassende Ortschaft Oberhausen-Rheinhausen im Landkreis Karlsruhe.

227 „Lebenslauf, 9. September 1941", in: StA OG „8/2386. Personalakten Dr. Franz Leier. Schlachthofdirektor. 1941–49".

228 Vgl. GLAK „233 42136. Verleihung des Ritterkreuzes des Ordens vom Zähringer Löwen und der silbernen Verdienstmedaille am Bande der militärischen Karl-Friedrich-Verdienstmedaille / 1916".

229 „Lebenslauf", in: StA OG 8/2386. Das Freikorps dürfte der Freischar Damm entsprechen, die in 4.1. dieser Arbeit erörtert wurde. Wie wenig erforscht diese(s) ist, zeigt sich daran, dass kein konkretes Datum der Auflösung benannt werden kann, so soll Leier noch bis 1930 Mitglied dieses gewesen sein, wohingegen an anderer Stelle von einer Auflösung 1928 gesprochen wird. Vgl. „Karl Lucke", in: Wikipedia; URL: https://de.wikipedia.org/wiki/Karl_Lucke [zuletzt aufgerufen am 6.10.2022, 19.47 Uhr].

230 „Lebenslauf", in: StA OG 8/2386.

231 „Dienstvertrag, 21. November 1941", in: ebd.

232 Vermutlich nicht verwandt mit Ratsschreiber Hauser aus Zell-Weierbach, da dieser NSDAP-Mitglied war.

233 Vgl. StAF „F 168/2 229. Hauser Jack gegen Dr. Leier Franz wegen Rückgabe geraubten Vermögens, 1949". Zur Politik der Restitution generell vgl. Goschler, Constantin: Wiedergutmachung. Westdeutschland und die Verfolgten des Nationalsozialismus (1945–1954), München 1992.

234 „19. September 1944", in: StA OG 8/2386. Bezeichnenderweise wurde Hauser in einem Schriftstück der Akte vom NSDAP-Kreispersonalamtsleiter als „geselliger und temperamentvoller Mann" bezeichnet, der als „SS-Obersturmführer [...] die Gewähr für eine weltanschaulich einwandfreie Haltung [bietet]". „6. Oktober 1941", in: ebd.

235 Vgl. Falter: Parteigenossen, S. 98.

236 Vgl. „Protokoll, 29.6.1948", in: Archives de l'Occupation française en Allemagne et en Autriche Paris „BADE 740 Dr. Leier, Franz".

237 Im Hinblick auf die in dieser Arbeit zu analysierende Thematik der Zwangsarbeit ließe sich auch die Frage nach Zwangsarbeitenden im Schlachthof unter Leier stel-

len. In der Literatur finden sich hierzu jedoch keine Hinweise. Vgl. Boll: Zwangsarbeiter. Sowie vgl. Gall/Gorka/Kauß: Quellen

238 StA OG „30/622. Chronik Pfarrei Weingarten (Zeitungausschnitte).“, S. 273.

239 Zur Gewinnung von Metall aus Denkmälern vgl. Pfaff: Nationalsozialismus und Naturdenkmäler, S. 395 f.

240 GLAK „235 35587. Tätigkeit der Katholischen Jugendorganisation im Kreisschulamtsbezirk Offenburg, insbesondere die Abhaltung eines Elternabends der Katholischen Jungschar am 8. Juli 1935 in Zell-Weierbach unter Beteiligung des Diözansscharführers Hans Schülle, geb. 6.4.1907 in Mainz, von Oberkirch. 1935“

241 Weitere Ausführungen zur HJ und dem BDM in Zell-Weierbach können aufgrund der Quellenlage leider nicht vollzogen werden, da kaum Dokumente hierüber erhalten sind. Aufzeichnungen des Mandoliner- und Gitarrenvereins geben eine Hütte der HJ im Wald an. Vgl. Basler: Sang und Klang, S. 180. In Gesprächen mit Zeitzeug:innen wurden verschiedene Orte benannt, an denen sich die Jugendlichen trafen und einzelnen Tätigkeiten gemäß der nationalsozialistisch indoktrinierten Jugendarbeit nachgingen. Die meisten der 2020 und 2021 noch lebenden Zeitzeug:innen waren jedoch zu jung, um in einer der NS-Jugendorganisationen tätig gewesen zu sein. Vgl. Pfaff: Interview mit Y, 6.7.2021, S. 18 f. Sowie vgl. Pfaff: Interview mit Falks, 18.8.2020, S. 15 f.

242 Vgl. StAF „N 210/2 20. Freiwilliger Arbeitsdienst. D. J.K. Zell-Weierbach: Herrichtung des Sportplatzes der D. J.K. auf Gemarkung Rammersweier.“ Es kann vermutet werden, dass es sich dabei um das Grundstück handelte, auf dem auch gegenwärtig der Sportplatz bei Zell-Weierbach liegt.

243 Benz, Wolfgang: Vom freiwilligen Arbeitsdienst zur Arbeitsdienstpflicht, in: Vierteljahrshefte für Zeitgeschichte 4 (1968), S. 317–546, hier: S. 546.

244 In Anlehnung an die zeitgenössische Floskel „Führer, Volk und Vaterland“. Vgl. Pfaff: Interview mit Artur Litterst, S. 1.

245 Vgl. Heberle, Rudolf: Landbevölkerung und Nationalsozialismus, Stuttgart 1963, S. 137 f.

246 Vgl. Bauer: NS Agrarpolitik, S. 25–50.

247 Vgl. Langthaler: Schlachtfelder.

248 Bludau: NS und Genossenschaften, S. 72.

249 Ringle: Verfremdung Genossenschaften, S. 11.

250 Ringle: Verfremdung Genossenschaften, S. 12–17.

251 Vgl. Rohn: Genossen, S. 36.

252 Vgl. ebd., S. 14–17.

253 Vgl. StAF „D 180/2 10864. Schäffner Franz“. Wann Schäffner den Mitgliedsantrag stellte, ist nicht nachvollziehbar. Sein Eintritt wird auf den 1. Mai 1937 datiert, allerdings war die Aufnahme von NSDAP-Mitgliedern in der Zeit vom 1. Mai 1933 bis zum 19. April 1937 geschlossen. Dementsprechend könnte Schäffner seinen Mitgliedsantrag bereits in diesem Zeitraum gestellt haben. Vgl. Falter: Parteigenossen, S. 76–88.

254 „Engehausen, Frank: Lediglich nominelles Mitglied der NSDAP oder ‚ehrlicher Anhänger des Führers‘? Zur Parteimitgliedschaft des Gymnasialdirektors Kurt Jacki.

26. Oktober 2018", in: Geschichte der Landesministerien in Baden und Württemberg in der Zeit des Nationalsozialismus; URL: https://ns-ministerien-bw.de/2018/10/lediglich-nominelles-mitglied-der-nsdap-oder-ehrlicher-anhaenger-des-fuehrers-zur-parteimitgliedschaft-des-gymnasialdirektors-kurt-jacki/ [zuletzt aufgerufen am 6.10.2022, 20.32 Uhr].

255 Vgl. „Foto 1937", in: GA ZW Ordner „WG". Bezeichnend ist, dass Feste unter dem Banner des NS vor Kriegsausbruch überregional gängig waren. Vgl. Fabian: Inszenierter Frohsinn, S. 278–292.

256 Albinus, Torsten/Hafen, Thomas: Schwarzwälder Freilichtmuseum Vogtsbauernhof. Wie der Krieg nach Hause kam – Der Schwarzwald von 1939 bis 1945, in: Burkarth/Holtwick: Dorf unterm Hakenkreuz, S. 119–139.

257 Vgl. Peter, Roland: Rüstungspolitik in Baden. Kriegswirtschaft und Arbeitseinsatz in einer Grenzregion im Zweiten Weltkrieg, München 1995, S. 23–28.

258 Vgl. Fröba, Arno/Wein, Friedrich: Das Führerhauptquartier „Tannenberg" im Nordschwarzwald. Ein Beitrag zur Geschichte der deutschen Westbefestigungen, Königsfeld 2020, S. 45 f.

259 Vgl. Pfaff, Leon: Interview mit X & Y, Zell-Weierbach 9.10.2020, S. 11.

260 Vgl. Franke, Nils: Der Westwall in der Landschaft. Aktivitäten des Naturschutzes in der Zeit des Nationalsozialismus und seine Akteure, Mainz 2015. Sowie vgl. Hönes, Ernst-Rainer: Vom Westwall zum „Grünen Wall im Westen", in: Natur und Recht 36 (8/2014), S. 532–542.

261 Vgl. Bruder, Michael H.: „Ein aufmerksamer Wächter über die Zukunft der deutschen Lande am Rhein" – Die Hitler'sche Inspektion des Ortenauer Westwalls im Mai 1939 im Zeichen lokaler NS-Propaganda, in: Eisen, Markus/Neisen, Robert: Region und Grenze. Die Bedeutung der Grenze für die Geschichte Südbadens in der Zwischenkriegszeit, Freiburg 2013, S. 237–263.

262 Vgl. BArch „RH 11–III/709 Bd. 112: Kartenblatt 7513 Offenburg. 1. Aug. 1944". Sowie vgl. „Baubescheid 22. November 1938", in: GA ZW Baugesuche.

263 Vgl. GA ZW „026/196 Erfassung und Zerstörung der Luftschutzräume". Sowie vgl. „Kleinkaliber Schützenverein", in: Zell-Weierbach; URL: https://zell-weierbach.de/vereine/kleinkaliber-sch%C3%BCtzenverein [zuletzt aufgerufen am 23.03.2023, 16.08 Uhr]. Sowie vgl. Mitteilungsblatt der Ortsverwaltung Zell-Weierbach, 9.4.2021, S. 6.

264 Pfaff: Interview mit Herbert Pfaff, S. 7.

265 Vgl. Pfaff: Interview mit Y, 6.7.2021, S. 6.

266 Vgl. StAF „A 43/1 1992. Gewaltsamer Tod des Volksschülers Herbert Kornmeier aus Zell Weierbach am 10.8.1944 durch Luftangriff. 1944".

267 Vgl. National Archives Catalog „Missing Air Crew Report Number 5325. 1944". Vermutlich handelte es sich hierbei um Exemplare von Bombern des Typs Boeing B-17G.

268 Pfaff: Interview mit Herbert Pfaff, S. 3.

269 „Tagebuch über die am 14. Januar 1938 vorgenommene Ortsbereisung", in: StAF B 728/1 10226.

270 Vgl. Ilgen: D'unter Fabrik, S. 40–64.

271 „14. Januar 1938", in: StAF B 728/1 10226

272 Ebd.

273 Für Wackers Mitgliedschaft in der in 4.1. und 6.3.4. erörterten Freischar Damm vgl. Gall: NSDAP, S. 21. Es stellt sich die Frage, ob Wacker als Kultusminister nicht bei sämtlichen Winzergenossenschaften im Gau Ehrenmitglied oder Ähnliches war. Falls nicht, ist seine Mitgliedschaft in der WG umso aussagekräftiger für deren Verhältnis zur NSDAP. Tatsächlich war er bei den Ereignissen im Mai 1938 nicht zugegen, sondern ließ sich entschuldigen, sandte aber „ein herzlich gehaltenes Begrüßungstelegramm". Vgl. „Sei mir gegrüßt, Zell-Weierbacher!", in: StA OG Offenburger Tageblatt, 16. Mai 1938. Der von 1947 bis 1957 amtierende Bürgermeister des Ortes, Franz Herb, stellte Wacker im Rahmen eines posthumen Entnazifizierungsverfahren ein Zeugnis aus, in dem er erklärte, dass Wacker „in einer sehr engen Fühlung zur Gemeinde stand, hier in der Bevölkerung einer sehr grossen Beliebtheit erfreute und als einer jener Männer angesehen wurde, die für die Rechte der Bevölkerung und der Belange der Heimat grösstes Verständnis hatten." Nicht ersichtlich wird aus den bekannten Dokumenten jedoch, weshalb Wacker über dieses enge Verhältnis zu Zell-Weierbach verfügte, zumal dies das einzige Dokument einer Ortsverwaltung in den im StA OG erhaltenen Nachlass Wackers ist. Vgl. „Erklärung des Bürgermeisteramt's, 9. März 1951", in: StA OG „9/Nachlass Wacker". Wackers Grab existiert erschreckenderweise auch heute noch auf dem Offenburger Waldbachfriedhof, Grabfeld 9, und grenzt im Westen an die Gewerbeschule. Vgl. Kalt-Jopen, Cornelia/Ruch, Martin: Wer liegt denn da? Persönlichkeiten auf dem Offenburger Waldbachfriedhof, Bühl 2017.

274 Eine gesamtheitliche Entwicklung der Zell-Weierbacher Landwirtschaft kann im Rahmen dieser Arbeit nicht vorgenommen werden. Für einen Überblick der überregionalen Entwicklung vgl. Möller: Agrarpolitik. Sowie vgl. Langthaler: Schlachtfelder.

275 Vgl. GA ZW VII. 1/17b. Die Gesamtgröße aller landwirtschaftlichen Flächen ist in den Unterlagen nur für die Jahre 1936 mit 671 Hektar, 1937 mit 394 Hektar und 1941 mit 816 Hektar angegeben. Dies zeigt eine generelle Abnahme in den späten 1930er Jahren auf, verdeutlicht aber, wie notwendig Landwirtschaft während der Kriegsjahre war.

276 Ebd.

277 Es ist schwer zu sagen, wer konkret wie lange an Front war, weswegen im Folgenden die Eintritte aufgelistet werden – Todesfälle, Heimaturlaube, Krankenhausaufenthalte und das Ausscheiden aus dem Militärdienst aber nicht berücksichtigt werden können, da sie aus den Vernehmungsprotokollen nicht hervorgehen. Die Zahl der insgesamt überlebenden respektive vernommenen Landwirte beträgt 137, wobei die gefallenen in der Landwirtschaft Arbeitenden nicht in die Gesamtzahl miteinbezogen werden können, da keine Berufsbezeichnungen in der Übersicht der Gefallenen benannt sind. Vgl. Gedenktafel „Gefallen im II. Weltkrieg", in: GA ZW. Dort sind 158 Namen aufgelistet. Berufliche Umorientierungen oder Nebenverdienste in der Landwirtschaft sind aufgrund der Quellenlage nicht nachvollziehbar.

278 Vgl. GA ZW IX. Vernehmungsprotokolle.

279 Vgl. GA ZW VII. 1/17b. Neben 1938 ist 1939 das einzige Jahr, in dem der Beginn der Weinlese genannt wird.

280 Vgl. GA ZW IX. Vernehmungsprotokolle.

281 Vgl. GA ZW VII. 1/17b.

282 Aus zeitgenössischen Untersuchungen geht hervor, dass der Winter 1939/40 an „westsibirische Strenge" erinnerte und die Kälte erst verspätet im Februar auftrat. Vgl. Blüthgen, Joachim: Die milden Winter, in: Geographische Zeitschrift 46 (12/1940), S. 434–451.

283 Kreutz weist darauf hin, dass zu dieser Jahreszeit bereits die ersten Arbeitsschritte im Weinberg getätigt werden und die Rebstöcke wachsen sollten – was durch die Kälte wiederum vermindert wurde. Vgl. Kreutz: Geschichte Ortenauer Weinbau, S. 67.

284 Vgl. Kladstrup: Wein & Krieg, S. 85f.

285 Vgl. GA ZW IX. Vernehmungsprotokolle.

286 Vgl. GA ZW VII. 1/17b.

287 Vgl. „Vor 80 Jahren: Überfall auf die Sowjetunion", in: Bundeszentrale für politische Bildung; URL: https://www.bpb.de/kurz-knapp/hintergrund-aktuell/229431/vor-80-jahren-ueberfall-auf-die-sowjetunion/ [zuletzt aufgerufen am 6.10.2022, 21.59 Uhr].

288 Vgl. GA ZW IX. Vernehmungsprotokolle.

289 Vgl. GA ZW VII. 1/17b.

290 Vgl. Gerhard, Gesine: Nie wieder Kohlrüben! Nationalsozialistische Ernährungspolitik im Zeichen des Zweiten Weltkrieges, in: zeitgeschichte 45 (3/2018), S. 273–291, insbesondere 279–281 zur „Ernährungssicherung".

291 Vgl „Vor 80 Jahren", in: bpb.

292 Vgl. GA ZW IX. Vernehmungsprotokolle.

293 Knittel, Walter: Freilichtmuseum Neuhausen ob Eck. „Anders als in der Stadt!" Kindheit und Jugend unterm Hakenkreuz in württembergischen Dörfern, in: Burkarth/Holtwick: Dorf unterm Hakenkreuz, S. 11–27, hier: S. 11.

294 Vgl. Noffke, Clara-Louise: Die Zukunft der Volksgemeinschaft. Kinder und Jugendliche in Hitlerjugend (HJ) und Bund Deutscher Mädel (BDM), in: Raasch: Volksgemeinschaft, S. 191–216.

295 Vgl. Jahn, Barbara: „Eine solche Armee besitzt der Feind nicht!" Die Jugend im Kriegseinsatz 1939–1945, in: ebd., S. 617–650.

296 Vgl. Klausing, Caroline: Die „Einordnung der Schüler ins Volksganze". Neustadter Schulen und ihre Rektoren zwischen Politisierung und nationalsozialistischem Zeitgeist, in: ebd., S. 167–190.

297 Stargardt, Nicholas: Kinder in Hitlers Krieg, München 2008, S. 17.

298 Orth, Karin: Debatten über die „Kriegskinder", in: Orth, Karin/Wetzstein (Hrsg.): Kinder im Zweiten Weltkrieg. Spuren ins Heute, Freiburg 2016, S. 11–20.

299 „Vorschlagsliste für die Betreuung von unter Kriegsfolgen leidenden Kindern. 30. Sept. 1952", in: GA ZW „410/7–8. Offene Fürsorge/Beschädigtenfürsorge, Kriegsbeschädigte, Kriegshinterbliebene u. Schwerbeschädigte (o. D.)".

300 Peter: Rüstungspolitik in Baden, S. 200–206.

301 Vgl. Rohn: Genossen, S. 40–42. Sowie im Kontext des Vereinslebens vgl. Basler: Sang und Klang, S. 11.

302 Vgl. Bauer: NS Agrarpolitik, S. 131–139. Bauer erörtert die Arbeitskräftenot und soziale Konflikte hieraus.

303 Vgl. Gerhard: Kohlrüben, in: zeitgeschichte.

304 Zu den Befugnissen des RNS vgl. Schwarz-Gräber, Ulrich: „Gläserne Bauern". Prinzipal-Agent-Probleme nationalsozialistischer Agrarpolitik am Beispiel der Regulierung der landwirtschaftlichen Pacht, in: zeitgeschichte 45 (3/2018), S. 319–341, insb. S. 340.

305 Vgl. Pfaff: Interview mit X & Y, S. 2.

306 Vgl. Pfaff: Interview mit Artur Litterst, S. 2.

307 Vgl. ders.: Interview mit Herbert Näger, S. 14f.

308 Vgl. ders.: Interview mit Willi Litterst, S. 1.

309 Vgl. ebd., S. 3. Sowie vgl. ders.: Interview mit Y, S. 4.

310 Vgl. ders.: Interview mit Herbert Näger, S. 2.

311 Ders.: Interview mit X, S. 4f.

312 Vgl. etwa: ders.: Interview mit Y, S. 8. Sowie vgl. ders.: Interview mit X & Y, S. 2. Vgl. für die Hinterbliebenenfürsorge von Witwen: GA ZW „410/15. Rentenanträge der Kriegsbeschädigten- [sic!] und Kriegshinterbliebenen (o. D.)".

313 Von Einquartierungen in Dörfern des Schwarzwaldes berichten auch: Vgl. Albinus/Thomas Hafen: Schwarzwald, in: Dorf unterm Hakenkreuz, S. 120. Sowie vgl. Boll, Bernd: Krisen, Modernisierungen, Kriege. Die Jahre 1914 bis 1945, in: Huggle, Ursula/Rödling, Ulrike (Hrsg.): Unsere Heimat Buchenbach 1996, S. 405–431, hier: S. 423. Sowie vgl. Hildenbrand, Manfrag: 1914 bis 1939. Zweimal Kriegsbeginn in der Kleinstadt Haslach i. K., in: Die Ortenau. Veröffentlichungen des Historischen Vereins für Mittelbaden 69 (1989), S. 377–404, hier: S. 394. Verschiedene Zeitzeug:innen erinnerten sich auch an die Einquartierungen im Ort und berichteten zudem, dass die Angehörigen der Einheiten gelegentlich in der Landwirtschaft aushalfen, wodurch wiederum ein Bezug zum Weinbau genommen werden kann. Vgl. Pfaff: Interview mit Bruno Ehrhard, S. 2. Vgl. ders.: Interview mit Y, S. 24. Sowie vgl. ders.: Interview mit Herbert Näger, S. 17.

314 Vgl. Herbert, Ulrich: Fremdarbeiter. Politik und Praxis des „Ausländer-Einsatzes" in der Kriegswirtschaft des Dritten Reiches, Berlin/Bonn 1985. Einen subsumierten Überblick gibt er in: vgl. ders.: Der „Ausländereinsatz". Fremdarbeiter und Kriegsgefangene in Deutschland 1939–1945 – ein Überblick, in: Beiträge zur nationalsozialistischen Gesundheitspolitik (Band 3). Herrenmensch und Arbeitsvölker, 1986 Berlin, S. 13–54.

315 Vgl. ebd.

316 Vgl. etwa: Bocks, Wolfgang/Bosch, Manfred: Fremd und nicht freiwillig Zwangsarbeit und Kriegsgefangenschaft in Rheinfelden/Baden und Umgebung 1940–1945, Rheinfelden (=Rheinfelder Geschichtsblätter 2) 1992.

317 Vgl. Goschler, Constantin: Schuld und Schulden. Die Politik der Wiedergutmachung für NS-Verfolgte seit 1945, Göttingen 2005.

318 Vgl. Schanne-Raab: Vom Fremdarbeiter zum Zwangsarbeiter, in: Schanne-Raab, Gertrud/Arbeitskreis „Zwangsarbeit" VHS Zweibrücken: Für jeden sichtbar und doch vergessen. Zwangsarbeiter und Zwangsarbeiterinnen in Zweibrücken 1940–1945, St. Ingbert (=Zweibrücken unter dem Hakenkreuz Band 2) 2021, S. 19–38.

319 Vgl. Gall/Gorka/Kauß: Quellen, in: Ortenau 82.

320 Vgl. Rimbrecht, Maria: Das Phänomen Zwangsarbeit in der Erinnerung, in: Schanne-Raab: sichtbar vergessen., S. 9f. Sowie vgl. dies.: Französische Kriegsgefangene und Zivilarbeiter: Die „endlich" besiegten Franzosen müssen für den Feind arbeiten, in: ebd., S. 67–96.

321 Aufgrund der Vielzahl an Werken werden im Folgenden lediglich einige ausgewählte, jüngere angeführt. Vgl. Hettinger, Annette/Brenneisen, Marco: NS-Zwangsarbeit im deutschen Südwesten – Entwicklung, Bedingungen und Erinnerung, in: Weber: Entrechtet, S. 377–411. Sowie vgl. Schneider, Maxilene: NS-Zwangsarbeit auf dem Freiburger Grethergelände. Ausschnitt eines öffentlichen Massenverbrechens, Freiburg 2020. Sowie vgl. Westermann, Stefan: NS-Zwangsarbeit im lokalen Kontext – das Beispiel Baden-Baden, Heidelberg 2011.

322 Vgl. Boll: Fremdarbeiter. Sowie vgl. Boll: Zwangsarbeiter. Sowie vgl. Oswald, Rolf/Hoferer, Egbert: Zwangsarbeit in Nordrach. Ein Beispiel für Zwangsarbeit im ländlichen Raum 1940–1945, Zell am Harmersbach 2015.

323 Vgl. Peter: Rüstungspolitik in Baden: S. 313–362. Sowie vgl. Helms, Isabell: Zwangsarbeit in Industrie und Landwirtschaft. Erinnerungen osteuropäischer Zwangsarbeiterinnen und Zwangsarbeiter, in: informationen 95 (2022), S. 27–31.

324 Zwar ist Neustadt an der Weinstraße kein Dorf, aber aufgrund der gezeigten Vorreiterposition im Weintourismus prädestiniert für eine Untersuchung der Zwangsarbeit dort, wie sie vorgenommen wurde von vgl. Kalogrias, Vaios: Kriegsgefangene, Zwangsarbeiter und Volksgemeinschaft, in: Raasch: Volksgemeinschaft, S. 669–690.

325 Die Argumente für weniger gefährliche Arbeit in der Landwirtschaft liegen auf der Hand, betrachtet man die Lebens- und Arbeitsbedingungen: Nach Fliegerangriffen wurden Zwangsarbeitende oftmals eingesetzt, um Trümmer oder Blindgänger zu beseitigen – wobei Dörfer selten Ziel solcher Aktionen der Alliierten wurden. Auch war die Arbeit in der Schwerindustrie sicherlich gesundheitlich schädigender als die auf dem Feld oder in den Reben. Vgl. Boll: Zwangsarbeiter, S. 306–308.

326 Vgl. Schanne-Raab, Gertrud/Sittinger, Helmut/Rimbrecht, Maria: Wirtschaftsstandort Zweibrücken: Harte Arbeit, wenig Lohn, in: Schanne-Raab: sichtbar vergessen, S. 39–66.

327 Vgl. Laumer, Angelika: „Er hat alles gekonnt, wenn's sein hat müssen, er war ein fleißiger Mann". Wie Kinder von ZwangsarbeiterInnen im ländlichen Bayern NS-Zwangsarbeit und deren Konsequenzen erinnern, in: Jahrbuch für Geschichte des ländlichen Raumes 11 (2014), S. 19–36, hier: S. 29.

328 Vgl. Schwarze, Gisela: Kinder, die nicht zählten. Ostarbeiterinnen und ihre Kinder im Zweiten Weltkrieg, Essen 1997, S. 12–22. Sowie vgl. Glauning, Christine: Rassismus und Geschlechterdifferenz. Zwangsarbeit ausländlischer Frauen im Zweiten Weltkrieg, in: informationen 95, S. 18–21.

329 Boll: Zwangsarbeiter, S. 17. Für detaillierte Schilderungen vgl. Boll: Fremdarbeiter, S. 51.

330 Boll: Zwangsarbeiter, S. 44. Zur Differenzierung verschiedener Lagertypen vgl. Matiello, Gianfranco/Vogt, Wolfgang: Deutsche Kriegsgefangenen- und Interniertenеinrichtungen 1939–1945 Band 1, Koblenz 1986, S. 5f. Sowie vgl. Kotek, Joël/Rigoulot, Pierre: Das Jahrhundert der Lager. Gefangenschaft, Zwangsarbeit, Vernichtung Jahrhundert der Lager, Berlin/München 2001, insbesondere S. 423–426. Ein Arbeitslager der Nationalsozialisten war im Allgemeinen nicht gleichzusetzen mit einem Vernichtungslager, in dem der systematische Massenmord vorangetrieben wurde – wobei sämtliche Lagereinrichtungen im NS geprägt waren von der menschenverachtenden Ideologie. Zu den Konzentrationslagern vgl. Kogon, Eugen: Der SS Staat. Das System der deutschen Konzentrationslager, München 1946.

331 Vgl. Boll: Zwangsarbeiter, S. 45.

332 Vgl. Boll: Fremdarbeiter, S. 51. Sowie vgl. Ilgen: D'unter Fabrik, S. 80–105.

333 Vgl. Boll: Fremdarbeiter, 56f. Sowie vgl. ders.: Zwangsarbeiter, S. 306–308.

334 Hinweise hierauf ergeben sich nur aus Interviews mit Zeitzeug:innen, die aber unabhängig voneinander hiervon berichteten. Vgl. Pfaff, Leon: Interview mit Karola und Oswald Basler, Zell-Weierbach 27.10.2020, S. 2f. Sowie vgl. Pfaff, Leon: Interview mit Paul Sälinger, Zell-Weierbach 16.10.2020, S. 8. Sowie vgl. Pfaff: Interview mit Willi Litterst, S. 3. Sowie vgl. Pfaff: Interview mit X & Y, S. 4. Sowie vgl. Pfaff: Interview mit Falks, S. 19f. Die Unterbringung von Zwangsarbeitenden in der ehemaligen Gaststätte erscheint umso perfider, bedenkt man Schäffners Nutzung der Lokalität für die Weinbaulehre. Nicht zu verwechseln ist das Bad in Zell-Weierbach mit dem Bad Ries Offenburgs, in das die Zwangsarbeitenden zeitweise einquartiert waren.

335 Pfaff: Interview mit X, S. 8.

336 Respektive abseits der NS-ideologisch verordneten Einspannung in die fremden Arbeitsstätten.

337 Pfaff: Interview mit X & Y, S. 12f.

338 Herbert: „Ausländereinsatz", S. 20.

339 Vgl. Boll: Zwangsarbeiter, S. 55–60.

340 Zur Essens- und Ernährungspraxis in den Zwangsarbeiterlagern vgl. ebd., S. 191–208.

341 Es ist nicht klar, ab wann oder ob der Schwager des Bauernführers zuvor schon Zwangsarbeiter beschäftigte und durch diesen Akt ‚lediglich' eine zusätzliche Arbeitskraft erhielt oder gar erstmalig Nutznießer des Systems wurde.

342 Viele der Interviewpartner:innen erinnerten sich noch an die Zwangsarbeitenden, sahen sich jedoch – auch aufgrund ihres eigenen damaligen Alters – nicht in der Position, über sie zu befehligt oder sie unmenschlich behandelt zu haben.

343 GA ZW IX. „Ostarbeiter (Russen) Abrechnung, Nachzahlungslisten u.s.w. 1945".

344 GA ZW IX „o. T. (Listen Zwangsarbeiter)".

345 GA ZW IV. „Gemeindeverwaltung" „Abrechnungen".

346 „betr. Unterkunft. (o. D.)", in: GA ZW IX. „o. T."

347 „Verpflegung eines Kriegsgefangenen in der Sonne. (o. D.)", in: GA ZW IX. o.T.

348 Vgl. GA ZW IX. o.T.

349 Eine „Liste der ehemaligen ausländischen Arbeiter der Gemeinde Zell-Weierbach" gibt den „Beginn des Aufenthalts" Lesmiaks mit dem Dezember 1940 an. Vgl. „Dokumente Zell-Weierbach" ITS Digital Archive, Arolsen Archives, S. 2. Eine Karte von 1949 aus denselben Unterlagen gibt den Februar des Jahres an Vgl. ebd., S. 18.

350 Vgl. Pfaff: Kriege und Krisen, S. 347.

351 „Abt. II an 14./404, 22.6.1942", in: StA OG 5/6463. Dass der Einsatz von Zwangsarbeitenden im Weinbau in der Region nicht unüblich war und welche Beziehungen dabei zur Bevölkerung bestehen konnten, zeigt Hochstuhl, Kurt: Bitterer Wein. Protest gegen die Behandlung von Ostarbeiterinnen auf dem Blankenhornsberg bei Ihringen, in: Archivnachrichten 50 (2015), S. 24.

352 Ähnlich wie bei Broß existieren verschiedene Schreibweisen des Nachnamens, hier wird die mit „ß" genutzt.

353 StAF „A 47/1 2333. Mossmann Jakob wegen Vergehen gegen das Heimtückegesetz 1944".

354 Interessanterweise wird Hauser hier noch immer als „Ortsgruppenleiter" bezeichnet. Vgl. „Anklage", in: ebd.

355 Eine Zeitzeugin äußerte sich im Interview über Hauser und stufte ihn als überzeugten Nazi ein, der „einige ins Konzentrationslager gebracht" habe. Pfaff: Interview mit Y, S. 5.

356 „Anklage", in StAF A 47/1 2333.

357 Nath, Peter: Luftkriegsoperationen gegen die Stadt Offenburg im Ersten und Zweiten Weltkrieg, in: Die Ortenau. Veröffentlichungen des Historischen Vereins für Mittelbaden 70 (1990), S. 574–659, hier: S. 577.

358 „13. Dezember 1945", in: StAF A 47/1 2333. Auch die Zeitzeug:innen aus Zell-Weierbach erinnerten sich an die Fliegerangriffe und legten Fokus in ihren Erzählungen auf unterschiedliche Schwerpunkte. Bezeichnend für diese Arbeit ist die Aussage, dass auch im Winzerkeller der hiesigen WG Schutz vor den Bombardements gesucht wurde. Vgl. Pfaff: Interview mit Karola & Oswald Basler, S. 5.

359 Dies bezeichnet den Ertrag des zweiten Mähens einer Wiese innerhalb eines Jahres.

360 „Durch die Untersuchungshaft erfolgten Schäden stellt sich zusammen [sic] wie folgt:", in StAF „F 196/1 1885. Entschädigungssache Mossmann Jakob. 1950–1959".

361 „Dokumente Zell-Weierbach" ITS Digital Archive, Arolsen Archives, S. 8.

362 „Beschluss vom 5. Juni 1951", in: StAF F 196/1 1885.

363 Vgl. zur Restitution im Allgemeinen: Goschler, Wiedergutmachung.

364 „Am 18. Juni 1946 1. Sichtung der Untersuchungskommission.", in: GA ZW IV. „2/21. Wahlen zu Gemeindeämtern. Gemeinderatswahl am 15.9.1946."

365 Es ist nicht bekannt, ob Zwangsarbeitende während ihrer Beschäftigung in Zell-Weierbach starben.

366 Vgl. Gall et al.: Kriegsende, S. 578.

367 Ebd., S. 580.

368 Ebd.

369 Vgl. Schellinger, Uwe: Eine Kaserne und ihre Menschen. Dokumentation zu einem Ort Offenburger Geschichte, Offenburg (=Veröffentlichungen des Fachbereiches Kultur der Stadt Offenburg. Werkstattberichte aus dem Stadtarchiv III) 1998, S. 105. Boll benennt, dass zu Beginn des Jahres 1944 in Offenburg „1.400 Zivilarbeiter und etwa 4.500 Kriegsgefangene" Arbeit für das Deutsche Reich verrichten mussten. Vgl. Boll: Zwangsarbeiter, S. 347. Die Ihlenfeldkaserne dürfte damit ein recht großes Lager der Displaced Persons darstellen.

370 Zum Begriff vgl. Jacobmeyer, Wolfgang: Vom Zwangsarbeiter zum Heimatlosen Ausländer. Die Displaced Persons in Westdeutschland 1945–1951, Göttingen 1985.

371 Vgl. Schellinger: Kaserne, 84–110. Im GA ZW existieren Akten, die benennen, dass auch im Rebland „Heimatvertriebene" respektive Displaced Person nach 1945 ansässig waren. Vgl. etwa GA ZW „446/3–7. Umsiedlungs- und Flüchtlingswesen als Kriegsfolge. (o. D.)".

372 Vgl. Schellinger, S. 105–107. Boll berichtet, dass schon zuvor Kriegsgefangene für die Kommandantur in der Kaserne Zwangsarbeit verrichten mussten und es beim Abzug der deutschen Truppen bereits zu Massakern an diesen kam. Vgl. Boll: Zwangsarbeit, S. 322–329. Gall fasst einige Namen der Getöteten zusammen. Vgl. „Begräbnisstätte", in: Offenburg (online). Es konnten jedoch keine in Zell-Weierbach tätigen Zwangsarbeitenden in seinen Auflistungen nachgewiesen werden, dies könnte bedingt sein durch die unterschiedlichen Schreibweisen von Namen im Kyrillischen und Deutschen.

373 Hierzu existiert keine Signatur im StA OG. David Boomers vom StA OG erhielt die Unterlagen per E-Mail.

374 Vgl. zum Schicksal von Zwangsarbeiterinnen und ihren Kindern am Kriegsende: Schwarze: Kinder, S. 189–219.

375 „Dokumente Zell-Weierbach" ITS Digital Archive, Arolsen Archives, S. 14. Es ist dem Verfasser nicht zuordenbar, welche Ortschaft oder Stadt gemeint sein könnte.

376 „Dokumente Zell-Weierbach" ITS Digital Archive, Arolsen Archives. Sowie GA ZW IX. „Ostarbeiter Abrechnung" Eine Liste mit Arbeitgebern und Namen der bei ihnen beschäftigten Russen im GA ZW bezeichnet ihren Vornamen als „Ulla". Vgl. „Arbeitgeber: Name der Russen:", in: GA ZW IX. „4. Kriegsgefangene und ausländische Arbeitskräfte betr. 1940–1944". Die dem StA OG zugesandten Informationen benennen sie Olga.

377 Vgl. „Dokumente Zell-Weierbach" ITS Digital Archive, Arolsen Archives, S. 14.

378 „15. Oktober 1942", in: GA ZW IX. 4. Es ist bezeichnend für das NS-Regime, dass die Zwangsarbeitenden von dem wenigen ihnen zur Verfügung stehenden Geld die abwertenden Kennzeichnungen selbst kaufen mussten. Zur Ausbeutung, auch in Form des geringen Lohns und Einbehaltens von Teilen diesen durch das Deutsche Reich vgl. Boll: Zwangsarbeiter, S. 175–190. Zur Kennzeichnung der Zwangsarbeitenden vgl. ebd., S. 148–151.

379 Herp beschäftigte seit mindestens August 1943 bis ebenfalls zum 17. April 1945 zudem den aus der Ukraine stammenden, am 25.8.1923 geborenen Johann Polischtuk. Vgl. „Dokumente Zell-Weierbach" ITS Digital Archive, Arolsen Archives, S. 12. Eine andere Schreibweise benennt ihn als Iwan Poleschuk. Vgl. „13. August 1943", in: GA ZW IX. Ostarbeiter. Sein Vorname ist in einer anderen Liste jedoch durchgestrichen und durch einen unleserlichen ersetzt worden. Vgl. „Arbeitgeber", in: ebd. Womöglich handelt es sich hierbei um den Vater des Kindes und mit dem 17. April um ein falsches Datum des Arbeitsendes, da er womöglich aufgrund der rassenideologischen Vorschriften nach Bekanntwerden eines Verhältnisses zu Harbus in einen anderen Betrieb umgestellt wurde. Ein Beispiel für eine Liebesbeziehung in den Engen der Zwangsarbeit benennt Boll. Vgl. Boll: Zwangsarbeiter, S. 254f.

380 GA ZW Gedenktafel. Es ist nicht bekannt, seit wann Herp im Militär war.

381 Stöckle, Thomas: Grafeneck 1940 – die Verbrechen von Zwangssterilisation und NS-„Euthanasie" in Baden und Württemberg 1933–1945, in: Steinbach, Peter/Stöckle, Thomas/Thelen, Sibylle/Weber, Reinhold (Hrsg.): Entrechtet – verfolgt – vernichtet. NS-Geschichte und Erinnerungskultur im deutschen Südwesten, Stuttgart (=Schriften zur politischen Landeskunde Baden Württembergs [sic!] Band 45) 2016, S. 143–195.

382 Diese Auskünfte erteilte Daniel Hildwein von der Gedenk- und Dokumentationsstätte Grafeneck dem Verfasser im Juli 2022 per E-Mail. Gemeinsam mit Unterlagen des GA ZW konnten die Schicksale der Ermordeten ansatzweise rekonstruiert werden. In einer 2018 vom Bundesarchiv veröffentlichten Liste von Opfern der „Euthanasie", zu denen im Bundesarchiv-Bestand R 179 Patientenakten vorliegen, tauchen Abele (wenn auch sein Vorname als Helmuth bezeichnet wird) und Dold mitsamt ihrer Geburtstdaten auf.

383 Vgl. GA ZW I. „Armenwesen. 4. Wohlfahrtserwerblose & Schnelldienst. 1881–1942", sowie ebd. „7. Einzelfälle. 1910–1937". Für eine dieser drei Personen existiert eine Krankenakte aus einem ihrer Unterbringungsorte, der Illenau, vgl. StAF „B 821/2 19149. Heil- und Pflegeanstalt Illenau: Dold, Lina, geb. 1910". Weitere in dieser Einrichtung untergebrachte Menschen aus Zell-Weierbach lassen aber keinen Rückschluss darauf zu, dass auch sie ermordet wurden. Ebenfalls finden sich im StAF Dokumente, die die Ermordung Dolds bestätigen, sowie ein Schreiben an die Angehörigen. Vgl. StAF „F 176/1 773. Dr. Arthur Schreck, Dr. Ludwig Sprauer wegen Verbrechens gegen die Menschlichkeit (Euthanasie)".

384 Im Rahmen eines Seminares bei Sylvia Paletschek zu lesbischen Lebenswelten recherchierte der Autor in verschiedenen Archivbeständen nach möglichen weiblichen Opfer des NS aus Zell-Weierbach, konnte jedoch keine aufgrund ihrer Sexualität verfolgten Frauen ausfindig machen.

385 Vgl. auch für ein lokales Beispiel von Kontinuitäten in der Justiz: Pfaff: Nationalsozialismus und Naturdenkmäler.

386 Vgl. Oehler, Christiane: Die Rechtsprechung des Sondergerichts Mannheim 1933–1945, Berlin 1997.

387 Vgl. GLAK „507 1247" respektive „1248 Fischer, Erwin Karl".

388 Vgl. GLAK „507 6387 Anzeige gegen Sebastian Bieser. 1936".

389 Vgl. GLAK „507 7390 Schwendemann, Georg. 1937".

390 Vgl. „Frederic Bato" ITS Digital Archive, Arolsen Archives.

391 Vgl. GA ZW „141/31. Rassisch, politisch und religiös verfolgt gewesene Personen, Opfer des Nationalsozialismus, Vereinigung der Verfolgten des Naziregime. (o. D.)".

392 Weitere Anhaltspunkte für Recherchen böten etwa die Bestände des polnischen Institute of National Remembrance. Dort befinden sich Akten des Amtsgerichts Offenburg zu „Strafsachen gegen Zwangsarbeiter (mehrheitlich Polen), angeklagt u. a. wegen Verlassens des Wohnortes und des Arbeitsplatzes, Sabotage und feinseliges Verhalten gegenüber Deutschen". „Institut für Nationales Gedenken (The Institute for Remembrance, IPN)", in: Bundesarchiv; URL: https://www.bundesarchiv.de/zwangsarbeit/archiv/archivdaten/index.html?id=1512 [zuletzt aufgerufen am 27.3.2023, 18.18 Uhr]. Im Rahmen dieser Untersuchung war es dem Verfasser nicht möglich, Einblick in die Akten in Polen vor Ort zu nehmen. Auch ist unklar, ob in diesem Bestand überhaupt Fälle von Zwangsarbeitenden in Zell-Weierbach gefasst wurden. Möglich ist auch, dass im dörflichen Bereich oftmals weniger bürokratische Methoden angewandt wurden, um Zwangsarbeitende zu bestrafen.

393 Vgl. Kuhn, Daniel: Das Kriegsende im Südwesten: „Selbstermächtigung" und „Volksgemeinschaft", in: Weber: Entrechtet, S. 425–442.

394 Vgl. Gall et al.: Kriegsende.

395 Vgl. ebd., S. 578.

396 Vgl. GA ZW VII. 1/17b.

397 Vgl. „Weinbestandserhebungen in den Gastwirtschaften 1946", in: GA ZW IX. Ordner 026.

398 GA ZW VII. „1/25 Erfassung und Ablieferung von Wein und Schnaps. 1945–48". Im Rahmen der Untersuchung wird auf diese Schriftstücke nicht weiter eingegangen, da sie lediglich namentliche Auflistungen enthalten und keine konkreten Vorgänge benennen – zumal sich die Mengen an Alkohol aufgrund der erörterten Quellenproblematik nicht in Relation zu den Produktions- und Besitzverhältnissen der Landwirtschaft analysieren lassen.

399 Vgl. GA ZW V. „2/3b. Vorübergehende Wirtschaftsschließung und Geschäft. 1947–49".

400 Pfaff, Leon: Interview mit Walter Fuchs, Bühl 23.10.2020, S. 5.

401 „Bewertungsgutachten, 17.6.50", in: StAF „D 5/1 2182. Winzergenossenschaft Zell-Weierbach Entschädigungsgericht 1950". Es existieren weitere Akten zu teilweise brutalen Vergehen der französischen Besatzungstruppen in den Beständen des StAF. Im Rahmen der Auseinandersetzung mit dem Nationalsozialismus und insbesondere vor dem Hintergrund der geschilderten deutschen Verbrechen werden diese Akten jedoch an in dieser Untersuchung nicht weiter betrachtet.

402 „Entschädigungsantrag, 12. März 1951", in: ebd.

403 „Begründung der Höhe des Schadens (o. D.)".

404 „26. Juni 1950", in: StAF „D 5/1 2183. Winzergenossenschaft Zell-Weierbach Entschädigungsgericht 1950".

405 „26. Juni 1950“, in: StAF „D 5/1 2183.

406 Wohingegen gerade im Herbst längere Arbeitszeiten notwendig sind, um den Wein fachgerecht zu verarbeiten.

407 Beispielsweise wurden teilweise geleerte Fässer mit Wasser aufgefüllt, dadurch verdünnt und die Weinqualität verschlechtert. Vgl. Rohn: Genossen, S. 43. Vgl. ebenso: Paeffgen: einst und jetzt, S. 100f.

408 Pfaff: Interview mit Willi Litterst, S. 7.

409 Es ist unklar, ob dies freiwillig oder beispielsweise aufgrund von Zwang durch französische Truppen geschah.

410 Vgl. Rohn: Genossen, S. 14–17.

411 Vgl. GA ZW IV.

412 Eine ausführliche Auflistung bleibt an dieser Stelle erspart. Insbesondere die Bestände IX. und die Signaturen außerhalb des Külby-Aktenplans des GA ZW böten sich hierfür an.

413 Fabian: Inszenierter Frohsinn, S. 293.